PRAEHISTORICA MEDITERRANEA

VOLUME 6

ARCHAEOPRESS PUBLISHING LTD
Gordon House
276 Banbury Road
Oxford OX2 7ED
www.archaeopress.com

ISBN 978 1 78491 616 9
ISBN 978 1 78491 617 6 (e-Pdf)

ISSN 1974-6040
ISSN 1974-6121 (e-Pdf)

© Archaeopress and the individual authors 2017

Printed and bound in Great Britain by
Marston Book Services Ltd, Oxfordshire

All rights reserved. No part of this book may be reproduced, in any form or by any means, electronic, mechanical, photocopying or otherwise, without the prior written permission of the copyright owners.

This book is available direct from Archaeopress or from our website www.archaeopress.com

Serge Collet

Le guerrier, le chat, l'aigle, le poisson et la colonne: la voie spiralée des signes

Approche sémiologique, structurale et archéologique du disque de Phaistos

A mes deux abeilles

Indice

Premessa 7

Foreword 11

    I.   Du pouvoir des signes comme entités relationnelles 15

    II.   La spirale et le ruban des signes 21

    III. Le bricolage inconscient et savant des séquences de signes pictogrammes 23

    IV. La voie des pictogrammes.. 29

    V.   De L'analyse des atomes de signification à celle des groupements de signes 47

    VI. Engouement- enjouement pour une spirale de signes 53

Bibliographie 55

Abstract... 59

Liste des figures et des tableaux... 61

Figures et Tableaux 63

Excursus.. 79

    De la sémiologie à de nouveaux questionnement archéologiques 79

    Retour sur quelques signes, remarques techniques et archéologiques sur le Disque de Phaistos... 81

    Destructions naturelles et ripostes rituelles 86

    Bibliographie complémentaire 89

Serge Collet.. 93

Premessa

Ho conosciuto Serge Collet nel luglio 2010 a Creta. Era venuto a visitare gli scavi di Haghia Triada dove stavo lavorando e mi avvicinò ponendomi una serie di domande sulla topografia del luogo e soprattutto sul collegamento con il mare. Anticipando una scoperta che avremmo fatto proprio in quell'anno, era infatti convinto che il sito avesse un porto ancora nella tarda età del Bronzo e non soltanto nei periodi più antichi, come stava emergendo dai carotaggi effettuati lungo il bacino dello Hieropotamos (Guttandin et alii 2014, 150-152).

La sua carica di entusiasmo e la sua energia erano travolgenti: avrebbe voluto che procedessimo immediatamente ad indagini più accurate nell'area di Haghia Triada per trovare conferma delle sue ipotesi e aveva idee ben chiare sull'organizzazione marittima e portuale di Creta, idee che nascevano da una profonda esperienza del mare e del rapporto tra l'uomo e il mare.

Il mare era stato infatti la sua grande passione, il Mediterraneo che egli aveva girato dalla Turchia all'Egitto, dalla Grecia all'Italia, alla Tunisia. Un mare fatto di uomini, per citare Braudel, di "imbarcazioni che navigano e di pescatori che tirano le reti" (Braudel 1985). Aveva conosciuto, e studiato, uomini e porti delle Egadi, della Calabria, con un rapporto stretto ed empatico con uomini e cose che traspariva dai suoi racconti appassionati. Si avvicinava all'archeologia partendo dall'antropologia, e portava con sé tutta l'esperienza diretta e concreta di cosa significa il rapporto con la "grande pianura" liquida del Mediterraneo. Questo gli consentiva di proporre osservazioni precise e pertinenti anche sul rapporto tra l'uomo e il mare nella civiltà minoica, di esaminare con spirito critico la letteratura sui porti della Creta dell'Età del Bronzo (e non solo) libero da quelle sovrastrutture che affliggono spesso lo specialista.

Da antropologo aveva intrapreso, in accordo con la soprintendenza, degli scavi a Bagnara già negli anni '70 e, in anni più recenti, delle esplorazioni lungo la foce del Nilo i cui risultati decidemmo di pubblicare sulla rivista *Creta Antica* per il valore che avevano di testimonianza di dati che potevano andare perduti (Collet 2014). Da antropologo, e da archeologo, aveva cominciato ad interessarsi del Disco di Festòs e mi aveva sottoposto, nella primavera del 2016, il manoscritto che poi decisi di pubblicare in questa serie.

Il Disco di Festòs costituisce uno dei documenti più studiati della civiltà minoica, affascinando studiosi e semplici appassionati per l'aura di mistero che lo avvolge, per il suo isolamento nel panorama delle scritture minoiche. Come il Principe dei Gigli è entrato nell'immaginario collettivo, sia a livello colto, sia a livello popolare. Il turista che visita Creta si trova ossessivamente circondato dalle sue riproduzioni, in tutte le varianti, materiali e grandezze, e la domanda più frequente che rivolge all'archeologo che sta scavando a Festòs è dove fu trovato il Disco. Lo si ritrova nei fumetti di Topolino e lo si può vedere spesso occhieggiare tra la paccottiglia che maghi e veggenti ostentano sui loro tavoli nelle trasmissione televisive.

Proprio l'eccesso di esposizione corre il rischio di fare male alla comprensione di un oggetto che è, innanzitutto, un manufatto archeologico trovato in un contesto cronologico e culturale.

Cominciamo a sgombrare il campo dalle ipotesi avanzate a più riprese che si tratti di un falso, "An Italian joke", voluto, secondo Eisenberg (2008), dallo stesso Pernier. La Rosa prima (2009) e Cucuzza dopo (2015) hanno abbondantemente ripreso il discorso e dimostrato l'infondatezza di questa ipotesi. Al di là delle considerazioni sulle modalità della scoperta, sul contesto storico-culturale o sulla statura morale di Pernier, gli elementi più convincenti contro l'ipotesi del falso sono i segni che appaiono sul disco e su monumenti scoperti successivamente (dall'ascia di Arkalochori alle cretule di Festòs a dei segni di vasaio sempre da Festòs) e che quindi non potevano essere noti a priori ad un falsario. Sulla cronologia del contesto, le nostro considerazioni (Militello 2001) comprovate dai nuovi saggi di scavo (Militello 2015) lasciano pochi dubbi sul fatto che l'oggetto fu trovato in un contesto MMIIIA, anche se la sua manifattura potrebbe essere anteriore (come propone Collet nel suo saggio).

Sulla decifrazione del Disco tantissimo è stato detto e tantissimo è stato scritto (Godart 1994; Godart 2009; Kannava 2013). L'edizione critica di Godart ha costituito un punto fermo, e alcuni dati sembrano assodati. La scrittura è diversa da quella della lineare A e del geroglifico cretese e sembra essere sillabica.

Perché dunque aggiungere un ulteriore contributo alla sterminata bibliografia sul Disco di Festòs? Come abbiamo detto prima, perché l'approccio di Collet è diverso. La sua non è una decifrazione ma una interpretazione, una ricostruzione della *Weltanschaung* minoica attraverso i simboli utilizzati e i loro corrispondenti nella realtà a cominciare dalla costruzione a spirale dell'iscrizione, con le sue possibili allusioni temporali, per continuare con una visione strutturalista dell'uso dei segni, mutuata da Levi Strauss, in cui il mondo degli uomini e del lavoro, delle cose e degli animali sono rappresentati in equilibrio, e in cui le ripetizioni assumono un significato quasi rituale: "la répétition insistante de pictogrammes, de paires de signes, comme de l'élision, elles, sont choses sérieuses autant que les contes que se racontent eux mêmes les enfants". Una interpretazione pittografica, dunque, piuttosto che sillabica, in cui la pittografia non vuole essere una riproduzione rigida del discorso logico, ma piuttosto un percorso.

Un confronto che ci viene in mente è con le tavolette Rongo Rongo dell'Isola di Pasqua, e con il cosiddetto Canto di Metoro, cioè la lettura che l'indigeno Metoro Tauara diede di una di queste tavolette su richiesta del vescovo "Tepano" Jaussen nel 1868. Metoro, cantando, non lesse ma descrisse i segni (Bartel 1958). La spiegazione che viene data attribuisce questo procedimento ad una difettosa conoscenza della scrittura da parte di Metoro (Facchetti 2007, 200-202), ma non poteva essere invece esattamente questo lo scopo della "scrittura" rongo-rongo in misura molto simile a quanto Collet propone per il disco di Festòs?

In una disciplina come la nostra, che si basa sul rigoroso succedersi di ipotesi e confutazioni lungo una strada prefissata, un rischio che si corre è quello di perdere di vista possibili alternative che sono invece più accessibili a chi non opera sotto il peso di una immensa bibliografia. La chiave di lettura che Serge Collet propone rappresenta una di queste possibili alternative, ipotesi da rifiutare o accettare, ma di cui comunque tenere conto. Per tale motivo mi è sembrato importante ospitare l'appassionato discorso di Serge nella serie *Praehistorica Mediterranea*, in memoria di un grande antropologo precocemente scomparso.

Pietro Militello, 11 gennaio 2017.

Bartel, Th., *Grundlagen zur Entzifferung der Osterinselschrift*, Tübingen 1958.
Braudel, F., *La Méditerranée*, Flaurion 1985.
Collet, S., Minoans Abroad: New Evidence from Calabria and Egypt, in *Creta Antica* 15, 2014, 243-286.
Collet, S., Minoan, Canaanite, Phoenician Maritime Cultures on the Shores of the West Nile Delta, in *Creta Antica* 15, 2014, pp. 287-325.
Cucuzza, N., Intorno alla autenticità del Disco di Festòs, in *Quaderni di Storia* 81, 2015, pp. 93-124.
Eisenberg, J. M., The Phaistos Disc: A one-hundred-year-old hoax? in *Minerva* 19, 4, 2008, pp. 9-24.
Facchetti, G. M., *Antropologia della scrittura*, Milano 2007.
Godart, L., I misteri del disco di Festòs, in *Annuario della Scuola Archeologica Italiana di Atene*, 87, 2009, pp. 191-207.
Godart, L., *Il Disco di Festòs. L'enigma di una scrittura*, Torino 1984.
Guttandin, Th., Panagiotopoulos D., Pflug H., Plath G., *Inseln der Winde. Die maritime Kultur der bronzezeitlichen Ägäis*, Inst. f. Kl. Archäologie, Heidelberg, 2014.
Kannava, A., The Phaistos Disc, in *Encyclopedia of Ancient Greek*, Amsterdam 2013.
La Rosa, V., Il disco di Festòs: un centenario autentico! in *Creta Antica* 10, I, 2009, pp. 13-17.
Militello, P., Amministrazione e contabilità a Festòs. II. Il contesto archeologico dei documenti palatini, in *Creta Antica* 3, 2002, pp. 51-91.
Militello, P., Un nuovo frammento di tavoletta in lineare A da Festòs (PH 54), in *Annuario della Scuola Archeologica Italiana di Atene*, 92, I, 2014 (2016), pp. 155-165.
Militello, P., L'attività dell'università di Catania a Festòs nel 2013-2014, in *Annuario della Scuola Archeologica Italiana di Atene*, 93, II, 2015 (2017), pp. 1-40.

Foreword

I first met Serge Collet in Crete in July 2010. He had come to visit the excavations of Hagia Triada where I was working and approached me with a series of questions about the topography of the location, especially regarding its connection with the sea. He was actually anticipating a discovery that we would make in that same year: he was convinced that the site had a port in the Late Bronze Age and not only in the earlier periods which the core sampling along the Hieropotamos basin had seemed to suggest (Guttandin et al. 2014, 150-152).

His energy and enthusiasm was overwhelming: he wanted us immediately to proceed with more detailed investigations in the Hagia Triada area to find proof of his hypothesis, and he had clear ideas on Cretan organization of shipping and ports, ideas born of a profound experience of the sea and the relationship between man and the sea.

The sea was indeed his great passion, and he travelled the Mediterranean from Turkey to Egypt, from Greece to Italy to Tunisia: a sea of men, of 'sailing vessels and fishermen pulling nets' (Braudel 1985). He visited and studied the inhabitants and ports of the Aegadian islands and Calabria, forming close and empathic relationships with people and objects, which he then transmitted in his passionate stories. He approached archaeology from anthropology, bringing with him all the direct and concrete experience of what the relationship with the 'great plain' of the Mediterranean means. This allowed him to formulate precise and pertinent observations on the relationship between man and the sea during the Minoan civilization and to examine critically the literature on the ports of Bronze Age Crete (among others), free of the constraints that often afflict the specialist.

As an anthropologist he undertook, in agreement with the Soprintendenza, excavations at Bagnara as early as the 1970s and, in recent years, explorations along the River Nile, the results of which we decided to publish in the *Creta Antica* magazine as they represented proof of data that were under threat of being lost (Collet 2014). As an anthropologist and archaeologist, he became interested in the Phaistos Disc and, in the spring of 2016, gave me the manuscript that I subsequently decided to publish in this series.

The Phaistos Disc is one of the most studied documents of the Minoan civilization, enticing scholars and simple enthusiasts with the mysterious aura that envelops it and with its singularity among Minoan scriptures. Like the Prince of the Lilies, it has entered the collective imagination, both at the more cultured as well as the popular levels. Tourists visiting Crete are bombarded with all manner of reproductions in various materials and sizes, and the most frequent question archaeologists digging at Phaistos are asked is 'Where was the Disc found?' Representations of the Disc can be found in Mickey

Mouse comics and are often seen gleaming among the curios on the tables of magicians and fortune tellers on television.

It is this very overexposure that risks undermining the understanding of an object which is, first and foremost, an archaeological artefact found in a chronological and cultural context.

We have begun to dismantle the hypothesis raised on more than one occasion that it is a fake; ('an Italian joke'), made by Pernier himself, according to Eisenberg (2008). La Rosa (2009) and then Cucuzza (2015) devoted ample attention to this theme, demonstrating its baselessness. Beyond considerations regarding its discovery, the historical-cultural context, and the moral fibre of Pernier, the most convincing elements against the hypothesis of its falseness are the signs that appear on the Disc (from the Arkalochori axe to the clay sealings of Phaistos and the pottery signs also from Phaistos), which are only seen again in discoveries that are subsequent to the Disc, so one could not have been familiar with them before supposedly forging the Disc. Regarding the chronology of this context, our conclusions (Militello 2001), supported by more recent material (Militello 2015), leave little doubt that the object was from the MMIIIA period, although its manufacture could date back further (as Collet suggests in his work).

On the decipherment of the Disc, much has been said and much has been written (Godart 1994; Godart 2009; Kannava 2013). Godart's critical edition has formed a point of reference, and some of the data seems consolidated. The scripture is different from Linear A and Cretan Hieroglyphic, and seems to be syllabic.

Why then, add a further contribution to the interminable literature surrounding the Disc of Phaistos? Because, as we have already stated, Collet's approach is different. It is not a deciphering but an interpretation, a depiction of the Minoan Weltanschauung through the symbols on the Disc and their connections with reality. This begins with the spiral-shaped construction of the inscription and its possible temporal allusions, and moves on to a structuralist view of the use of the signs, drawn from Levi Strauss, in which the world of men and work, things and animals are represented in an equilibrium, and in which repetitions take on almost ritual significance: 'la répétition insistante de pictogrammes, de paires de signes, comme de l'élision, elles, sont choses sérieuses autant que les contes que se racontent eux mêmes les enfants'. Hence it is a pictorial interpretation rather than syllabic one, whereby the pictograph is not intended as a rigid reproduction of logical discourse, but rather a path.

A comparison that comes to mind is with the Easter Island Rongorongo tablets and the so-called Metoro Chant, that is, the reading that the indigenous Metoro Tauara gave for one of these tablets at the request of bishop 'Tepano' Jaussen in 1868. Metoro's chants do not read the signs, but describe them (Bartel 1958). The explanation for this process is attributed to Metoro's lack of knowledge of writing (Facchetti 2007, 200-202), but could this not be the very purpose of Rongorongo 'writing' in a similar fashion to Collet's proposal regarding the Disc of Phaistos?

In a discipline like ours, based on strict hypothesis and refutation of patterns along a predetermined path, there is the risk of losing sight of alternative perspectives that are more accessible to those unburdened by an immense bibliography. The key to Serge Collet's interpretation is that it represents one of these alternative perspectives, which we can accept or reject, but which we must, in any case, keep in mind. This is why it seemed important to me to host Serge's passionate discourse in the *Praehistorica Mediterranea* series, in memory of a great anthropologist who died too young.

Pietro Militello, 11 January 2017.

Bartel, Th., *Grundlagen zur Entzifferung der Osterinselschrift*, Tübingen 1958.

Braudel, F., *La Méditerranée*, Flaurion 1985.

Collet, S., Minoans Abroad: New Evidence from Calabria and Egypt, in *Creta Antica* 15, 2014, 243-286.

Collet, S., Minoan, Canaanite, Phoenician Maritime Cultures on the Shores of the West Nile Delta, in *Creta Antica* 15, 2014, pp. 287-325.

Cucuzza, N., Intorno alla autenticità del Disco di Festòs, in *Quaderni di Storia* 81, 2015, pp. 93-124.

Eisenberg, J. M., The Phaistos Disc: A one-hundred-year-old hoax? in *Minerva* 19, 4, 2008, pp. 9-24.

Facchetti, G. M., *Antropologia della scrittura*, Milano 2007.

Godart, L., I misteri del disco di Festòs, in *Annuario della Scuola Archeologica Italiana di Atene*, 87, 2009, pp. 191-207.

Godart, L., *Il Disco di Festòs. L'enigma di una scrittura*, Torino 1984.

Guttandin, Th., Panagiotopoulos D., Pflug H., Plath G., *Inseln der Winde. Die maritime Kultur der bronzezeitlichen Ägäis*, Inst. f. Kl. Archäologie, Heidelberg, 2014.

Kannava, A., The Phaistos Disc, in *Encyclopedia of Ancient Greek*, Amsterdam 2013.

La Rosa, V., Il disco di Festòs: un centenario autentico! in *Creta Antica* 10, I, 2009, pp. 13-17.

Militello P., Amministrazione e contabilità a Festòs. II. Il contesto archeologico dei documenti palatini, in *Creta Antica* 3, 2002, pp. 51-91.

Militello, P., Un nuovo frammento di tavoletta in lineare A da Festòs (PH 54), in *Annuario della Scuola Archeologica Italiana di Atene*, 92, I, 2014 (2016), pp. 155-165.

Militello, P., L'attività dell'università di Catania a Festòs nel 2013-2014, in *Annuario della Scuola Archeologica Italiana di Atene*, 93, II, 2015 (2017), pp. 1-40.

I. Du pouvoir des signes comme entités relationnelles

Réparé entre nos livres, la tête pleine encore des images lumineuses de la plaine de Messara comme pour éloigner les épaisses nuits du solstice d'hiver, nous venions, dans notre lecture a peine initiée de l' oeuvre de Sir Arthur Evans, de butter sur cette table de 45 signes. Quatre d'entre eux : un poisson, un coquillage, un bateau, un groupement de lignes ondulantes allaient imprimer le disque dur d'une imagination et d'un entendement rompus à l'étude des sociétés de la mer prises dans la très longue durée, comme à celle antécédente procédant d'une logique de pensée avant tout sociale et politique, de corps faits signes marchant nombreux dans des rues de Paris au nom chargé d'histoire, entreprise à la fin des années 70 (Collet 1982, 167-176). L' étude de ces signes comme de leur enchâssement se référant à ce que nous avons nommé la «marinité» fut cependant différée de deux ans au bénéfice de deux contributions archéologiques explorant les traces découvertes de la présence de la culture Minoenne sur la côte Calabraise du détroit de Messine comme de la baie d'Alexandrie (Creta Antica 14, 2015, 243-320). La lecture de» Palace of Minos at Knossos», la place très remarquable qu'y tiennent les choses de la mer à l'instar de celle dans Les Argonautes du Pacifique Ouest de Malinowski (1926) confirmait la voie de l'archéologie -anthropologie dite maritime et offraient de quoi qualifier nos propres «findings»: telle celle d'un sanctuaire côtier à l'ouest d'Alexandrie dont le corrélat figuratif parmi d'autres du même ordre provient du magnifique sceau en or, ainsi appelé anneau de Minos, disparu pour de longues années et au jour d'hui, en une sorte d'épiphanie, exposé dans le nouveau Musée Archéologique d'Héraklion. Selon l'un des mots forts de Roland Barthes né il y a un siècle "l'image (photographique) est représentation, c'est à dire en définitive *une résurrection*" (1964, 40) comme peut l'être le signe graphique, cependant sur un mode moins unaire que celui de la photographie, où la plénitude de l'être analogique l'emporte. Et c'est bien au registre de leur pouvoir d'embrayeur de l'imaginaire, comme force de vie, que faisant retour à ces quatre signes du Disque de Phaistos comme à l'Urgina Martimae, la Scille, appelée dans la plaine de Messara : athanatos, accrochée au dessus des portes des petites maisons de Pitsidia, Sivas ou de Kamilari, nous surmontâmes, une fois encore les assauts répétés et insidieux de Thanatos incarnée dans les traits hideux et mortifères de Méduse se multipliant en trois, logée, énorme, en ce lieu du corps où la culture grecque non sans raison, inscrivait le centre de la force et de la vitalité. L'examen attentif de l'entourage de ces 4 signes, de leur mise en relation si ce n'est de leur enchaînement dans une spirale, elle, incisée au fur et à mesure de leur impression, vint contre la douleur, les désordres des thérapies chimiques, prix payer pour un retour la vie comme à une possible régénération, mobiliser la pulsion, le désir de comprendre. Thanatos-Méduse devait, folle espérance, en prendre plein sa gueule et mourir sous les coups de Persée. Tel le jeune homme pressé (signe 01 dans la classification de Evans) dont la marche rapide nous était devenue si pénible au point de devoir y renoncer, le parcours exploratoire de ces signes, de leur entendement tenait lieu de mouvement, de rencontres. Quant enfin les choses au terme de 15 mois se mirent au beau fixe, résultat inespéré de thérapies calibrées à un spécificité génétique, nous volâmes à nouveau à grand tire d'aile vers cette terre de Crète, berceau de la culture, berceau d'Europe, que mirent à jour d'abord Halbherr, Pernier, Evans, Seager, y consacrant leur vie et sans y regarder à deux fois, leur argent. Ce berceau de culture était sans doute trop beau pour ceux qui à force de massacres, de tortures occupèrent cette île, véritable omphalos de la Méditerranée, et non satisfaits de leur première barbarie, ainsi Anoghià : Oradour Crétois, brulèrent aussi les trésors livresques de la bibliothèque de Evans à la Villa Ariane à Knossos qu'il fit construire en 1906. Bien sur, de cette réparation là, comme d'autres, plus terribles encore il ne faudrait surtout pas ou ne plus en parler, pour ne pas troubler la quiétude souriante d'une pesante hégémonie non pleinement assumée, institutionnelle, financière et économique de l'Etat allemand sur une Europe laminée, appauvrie, rongée par le national populisme, qui a depuis longtemps oublié comme les Etats qui en composent l'entité bringuebalante vidée de tout projet progressiste au profit de la seule pensée ultra libéraliste, que les récents billets de banque qu'ils utilisent renvoient aussi en leur appellation aussi incongrue qu'usurpée, à une nymphe Phénicienne, qu'un jour très lointain, Zeus de l'Ida métamorphosé en blanc taureau, enleva. Que la narrative archéologique «politiquement correcte» aille se faire ré habiller.

Défiant la pseudo neutralité Wébérienne des dites «sciences» humaines, Arthur Evans mis les mains dans le pétrin. Venu en Crète pour comprendre des signes, y découvrir une langue, il prit part, en politique avisé des Balkans à la rédaction de la première constitution d'un pays libéré de la violence de quatre siècles de domination ottomane sans trêve. «Open mind» et visionnaire Sir Arthur l'était, âme bien trempée, mais aussi fidèle en amour, ainsi à celui de sa vie qui décéda d'une tuberculose en Italie dans la maison de son ami et maître Halbherr, comme il l'était en amitié avec Pernier et Della Seta. Ces liens italo anglais ne se sont toujours pas distendus plus de cent ans après. On comprendra dès lors la place respectueuse qui est faite à ces fondateurs de la «Minologie» dans l'analyse des 45 signes du disque de Phaistos, premier disque «dur» s'il en est, dont l'image en millions d'exemplaires s'est divulguée d'abord dans l'Occident, objet prestigieux de l'archéologie qui reste unique, mais non moins objet sémiotique de tout premier ordre. Aucune fascination à résoudre ce qui serait voué à l'ordre éternel de l'énigme, du mystère qui captive tant d'esprits en quête de quelque alpha ou oméga ou de codes secrets n'est ici en jeu, pas plus que le déchiffrement de ce qui à ne considérer qu'une «Logique de l'Ecriture» (Goody, 1986) devrait être un script. Ce n'en est pas un ; il ne s'inscrit ni à l'ordre de l'écriture hiéroglyphique crétoise ou autre ni à celui du Linéaire A ; qu'avec Evans, qui l'avait compris dès 1909, on se le dise ! C'est de manière inattendue à l'art d'un Magritte de mettre ensemble, de combiner d'une manière très insolite, surréaliste les tenant lieu objectaux d'idées sur la toile avec une méticulosité quasi obsessionnelle, qu'il faut ici penser. C'est d'une puissante c*ombinatoire signifiante* dont il s'agit, aussi distante de nous que l'est une lointaine planète que le télescope archéologique nous découvre. Loin dans le temps, par force éloigné, l'objet sémiotique est aussi près de nous dans la naïveté tellement humaine de ses figurations, si simples pour certaines d'entre elles et si bellement dessinées dès 1909 par Elena Stefani. Si l'enfant dira pointant le doigt : «cat» «Katze» «gatos» «chat» et plus tard à coup sûr sans bien sur connaître Magritte «ceci est un chat», ces figurations où se reconnaissent la synecdoque comme l'objet partiel n'en demandent pas moins l'usage répété d'une forte loupe au moyen de laquelle se repère l'infime détail, le «punctum» (Barthes 1980, 69, 73) qui va enclencher le processus laborieux et parfois complexe d'identification, comme de l'immersion dans les profondeurs des connotations dont sont pourvues les arcanes de l'imaginaire. S'ouvre ainsi peu à peu pour le semeiotikòs *cette voie des signes*, celle de l'exploration de leur mise en séquence, de leur arrangement-ordonnancement.

Le ruban de leur regroupement-défilement s'impose d'emblée, c'est à dire le tissage de leurs relations et moins leur être là d'analogon unaire. Primat donc, de la relation sur ses constituants ; nous voilà presque revenu à l'acte inaugural de la constitution de la linguistique comme science, émergeant comme toute véritable découverte, sans fanfare, dans les «Cours» d'un professeur Genevois : l'humble de Saussure, dont plus d'un a rêvé de les partager. A Paris, Berlin, en Europe ce sont les «folles années» de la Belle Epoque, d'une révolution dans le champ artistique et pas moins sociale et politique qui gronde en Russie. En Crète se jouait la renaissance démocratique et celle se combinant á sa découverte de la culture Minoenne. Ce tard après midi du 3 juillet 1908 entre les murs d'un espace restreint, au nord-est du palais de Phaistos, Luigi Pernier fouillant le sol de cette zone, composé d'une terre noire où se mêlaient des cendres, des os des tessons de céramique, de la poterie Minoenne dite Kamares, extrayait aussi ce qui lui apparut d'abord comme une sorte de plat et quelques centimètres au sud-est de cet objet, une petite tablette presque carrée qui elle aussi deviendra célèbre: PH1 : Phaistos 1, où sont gavés une suite de quelques 14 signes en linéaire A sur 2 lignes.

Splendide voisinage que celui, où côte à côte le script incisé le dispute au signe-image, lui, imprimé dans la pâte encore humide d'une sorte de galettedisque faite d'une argile fine, dépurée qui sera cuite sans défaut. Comme réveillés de leur long oubli, déposés dans cette ciste si semblable à celles de Knossos de l'aile ouest du palais où Evans découvrit parmi les offertes à la divinité féminine Minoenne, celles jamais trop évoquée de quelques plus de 6000 coquillages peints de vives couleurs ou non peints, disque et tablette allaient connaître la grande aventure cognitive non conclue de leur compréhension, de leur «déchiffrement».Voilà bien un terme inadéquat que devrait remplacer celui, philosophique, certainement plus pesant mais aussi plus juste «d'intelligibilisation».

Et toi simple tête de chat que dis tu de ces empreintes, délicates, silencieuses? Image d'un poisson, analagon des poissons de la mer que dis tu de ces traits si ténus et parfois abstraits ? C'est que, bien que muets, à ressembler, mais jusqu'où, vous semblez dans votre lien amoureux aux choses, l'emporter par le truchement de la suprématie du voir immédiat que vous appelez, sur les traces incisées et comme tristes des lettres-signes sans chaîne d' ancrage avec le monde des êtres. Laissez les querelles pensa l'astro-archéo-semiologue et sachez qu'il a fallu autant d'ingéniosité pour vous mettre au monde, serait-ce celui d'un registre différent, et quoi qu'il en soit vous n'existez que dans une mise en relation. L'image signe se fâcha et dit qu'elle pouvait exister, toute seule et ce, qu'elle le faisait depuis belle lurette, pleine d'une idée ; le signe linéaire en resta coi. Reste que ces signes – images, chat, abeille, poisson, colonne, sont inscrits dans un montage en séquences, groupés et non isolés dans leur être – valeur différentielle, tels des monades. Etrangement l'étude de leurs associations, de leurs arrangement a tourné court, livrant au mieux la mesure incomplète de leur fréquence, le signalement de quelques co -occurrences, mais quasi rien de leurs relations plus articulées. Le grand parfum de mystère, d'énigme, qui continue d'entourer cet objet sémiotique unique pourrait n'être au bout du compte que l'indice d'une ignorance désastreuse et peut être hargneuse de ce qu'ont pu apporter la méthode structurale et la sémiologie du même nom.

Celles ci se mirent à fleurir dans une France, une fois de plus déchirée par la tragédie, celle là Algérienne, une France yéyé découvrant encore les Beatles, où aussi, mais à contre courant comme avait pu l'être le jazz des caves de St. Germain, un chanteur, à la marge, déclaré engagé, à la voix si chaude savait mêler avec une sincérité vraie, la poésie aux choses de la vie des humbles comme à l'histoire, celle atroce de ceux des wagons plombés, promis l'extermination, des héros de Potemkine, des camarades…Il ne semble pas que dans cette France des années 60 se reprenant économiquement, véritable marmite en bouillonnement, particulièrement dans le champ des dites «sciences humaines» R. Barthes (1964, 1967), C. Levi Strauss (1960), E. Benvéniste (1966), M. Foucault (1966), A. Greimas (1966), J. Lacan (1966) fussent particulièrement sensibles à l'air du temps tout à la fois tragique et médiocre où flottait cependant cet art d'un J. Ferrat de filer les mots, les métaphores en chantant. Ils étaient sans doute trop pris par le sérieux, les complexités, se jouant pour eux hors du champ politique, de la voie qu'ils exploraient mais en une compagnie peut être gênante de philosophes politiques comme L. Althusser, E. Balibar, P. Macherey (1965). Cette voie se construisait contre le primat de l'herméneutique, du sujet ego, de l'existentiel, du sujet de l'histoire, de l'élément substance sur la structure linguistique comme historique qui prévalent encore au jour d'hui dans la pensée comme l'archéologie.

En témoigne l'analyse que fait L. Godart du disque de Phaistos (Godart, 1993, 1994) et ce 30 ans après l'irruption impétueuse de l'analyse structurale et sémiotique probablement reléguées au statut de jeux gratuits de l'esprit, passés de mode.

Ainsi tout se passe comme si le primat de l'élément substance sur la relation, le positivisme de la chose qu'il inclue contre l'inquiétude naissant de ce que la représentation figurative pourrait n'être pas assez rivée à la réalité des êtres, avaient irréversiblement barrer la route à une possible intelligibilité des formes de relations entre les entités constitutives, autant qu'à celle de la causalité du tout absent (la signification complète du Disque) sur celle de ses parties présentes (les séquences de signes). La place privilégiée que joue l'analyse des signes pris individuellement dans les deux études de L. Godart en donne une confirmation. L'ignorance du *paradigme relationnel* que le premier, Spinoza, mit en place, se fait tout aussi troublante lorsqu'il s'agit de signes représentant plantes ou animaux, comme si ces entités de la nature allaient d'elles mêmes, come si elles aussi n'avaient pas de liens. En somme, derrière la proclamation bardée des honneurs d'une académie italienne prestigieuse, ce que nous considérons comme la *matière visuelle* du disque de Phaistos, destinée à demeurer de l'ordre d'une écriture «énigmatique», se lit autant un abandon de *l'intelligere* spinoziste que le refus paysan d'aller voir au delà de son champ ou prés carré, du paroissien de son clocher, aujourd'hui d'un morceau de l'Europe à un autre morceau. Cette faillite aurait dû appeler la coopération interdisciplinaire comme l'usage de la puissance des nouveaux software. Au risque d'encourir la critique acérée, *osons* la transgression vive, si rajeunissante et à contre courant de la pensée «unique» s'accompagnant de celle «easy going, speedy, light and selfy» pour mettre nos pas dans cette voie plurielle, pas si passée de mode que cela, articulée de la combinaison de la sémiotique, de l'écologie comme de l'anthropologie-archéologie, sorte de retour dans le futur, incitant en ces manques à en surmonter les erreurs, à en parfaire le cheminement cognitif.

II. La spirale et le ruban des signes

Ce n'est pas l'une des moindres beauté de cet objet, que sur ses deux faces les signes-images l'un après l'autre viennent se déployer à l'intérieur du tracé d'une ligne progressant dans sa croissance quasi organique telles les spires d'un triton, d'une coquille d'argonaute. Laissons un moment le mode technique selon lequel elle a été incisée pour souligner, que cette forme, ce motif est l'un des plus ancien de l'art Minoen présent tout au cours de sa longue histoire, marqué du coin de l'éternité comme peut l'être l'onde marine dans son retour répété, se repliant sur elle même avant de se fracasser. Qu'il en plaise ou non la spirale renvoie au temps, au mouvement qui se trace de son retour en s'éloignant chaque fois un peu plus d'un point central. C'est en cette figure si naturelle et peu géométrique comme peuvent l'être le triangle, le carré, le rectangle, que vient se loger,abondante, *la matière signifiante*.

    Celle si lance comme son appel muet mais visuel : «regardes moi, vois que je suis belle ainsi logée dans mes dépliements–repliements. Si, lecteur, ton étonnement est trop vif, prends soin de t'arrêter; j'ai comme par avance marqué des haltes. Promènes toi, tournes et retournes à ton pas pressé ou non et laisse tomber les exercices de divinatio ignorante». Trajectoire, parcours d'abord où les signes-substances ne se «constitueront jamais autrement que dans un acte de connaissance, inséparable de l'analyse» (Foucault 1966, 73) c'est elle qui semble comme orienter l'épanchement, la coulée de la matière visuelle. A ne prendre en considération que la direction de la marche pressée de la figure 01, le déroule-ment des regroupements de signes imprimés dans l'argile humide se ferait de l'intérieur vers l'extérieur, de gauche droite, ainsi que l'a d'abord pensé A. Evans (Evans 1909, 285). L. Pernier, A. Della Seta dès 1909 établirent dans leurs remarquables études que tel n'était pas le cas particulièrement, Della Seta (1909, 12-14) montrant que les légères superpositions d'un signe sur l'autre, présentes sur les deux faces du disque, révèlent que le signe de gauche vient comme empiéter sur celui situé à sa droite, dès lors précédemment imprimé, mais non moins que cette impression s'effectue comme pas à pas, au moyen de quelques 45 poinçon en creux ou de sceaux. En 1921, Evans dans le chapitre qu'il consacre au disque de Phaistos (1921, 647-668) reviendra sur cette erreur en soulignant les mérites de L. Pernier et A. Della Seta, dont pour ce dernier d'avoir mis en lumière l'importance «del dissematismo» (Della Seta 1909, 67), nous dirons de la co- occurrence dans la construction des groupements de signes ou séquences séparées par des traits verticaux. Le léger trait oblique placé sous le dernier signes de quelques unes d'entre-elles vient avertir l' observateur attentif, comme l'étaient Pernier, Della Seta, Evans, que ces séquences sont elles aussi, les articula d' ensembles plus vastes et plus compliqués encore que leurs entités constituantes. Rien ne permet de dire qu'il s'agit de mots constituant des phrases et donc d'un texte. Etabli le sens du déroulement comme de la particularité de l'impression, il est supposable que ce sens soit celui requis de sa» lecture» visuelle. Mais de quelle face partir ? Quelle face du disque fut-elle imprimée la première ? Sans trop prendre en compte les observations de Della Seta, L. Godart en 1994 établit, malgré certains doutes, que la face A comme pour Pernier, Evans, est celle où le dernier signe imprimé dans le centre des deux spirales est: la rosette (A 31).

L- Godart note d'abord (1994, 60) «che la faccia A ha una regolarità nel decorso della spirale che manca nella faccia B». En suite page 61 «que les signes de B sont imprimés moins profondément que ceux de A». Seul l'examen directe du disque permet un tel constat, car en effet une trop forte impression des signes en B aurait pu oblitérer ceux, donc déjà imprimés en A. Non moins d'importance en regard de la difficulté et de la prouesse technique de réaliser une telle œuvre, en tenant compte que la pâte de la galette – disque a le temps de sécher, est le constat selon lequel arrivé à la vingt neuvième séquence de la face A, l'artiste manque de place et ne peut plus juxtaposer les signes, les logeant dès lors l'un au dessus de l'autre. La minutie qu'autorise l'observation de première main inaugure ainsi une lecture proprement technique du procès de production de cet objet comme d'établir le lien de la technique et de la culture, de la technique comme marqueur culturel. Certains signes, voir certaines séquences ont été effacés ainsi que l'avait déjà mentionné Della Seta (A5), traces matérielles d'une possible «erreur», certes, mais qui vient souligner que le montage de ces signes-pictogrammes n' a rien d'arbitraire, que leur juxtaposition syntagmatique est le résultat d'associations d'images mentales guidant les étapes du procès d'impression. Ces juxtapositions de pictogrammes, dont chacun d'eux renvoie un objet concret, sont bien des associations d' entités constitutives régies par un lien de nécessité, qui échappe l'entendement de l'observateur de 4000 ans après. Mêmes faites d'éléments simples, ces associations viennent apparaître comme incongrues ou insolites.

Telle est par exemple la très courte séquence unique de deux pictogrammes A18, de la face A représentant un poisson(lequel) et une curieuse chose qui fit débat dés 1909, colonne pour Pernier et maillet ou masse (de terrassier) pour Evans. Mais ne lâchons pas encore l'analyse d'une association qui s'agissant du second terme s'éclairera de la prise en compte de ses contextes, de ses entourages avérés, permettant d'entrevoir par quoi ces entités se tiennent ; car dans plus d'un cas elle se tiennent comme co-occurrences et comme séquences. Ces séquences au nombre de 31 pour la face A et de 30 pour la face B achevant leur déroulement dans un centre, soit à l'inverse du mouvement de croissance organique, se déploient donc dans une symétrie qui s'impose première vue; un bel ordonnancement en somme, même si le tracé de la ligne incisée qui en oriente le ruban a été effectué au fur et mesure de la progression de l'impression de ces séquences. Leur architecture interne en reste comme cachée dissimulant une véritable dissymétrie dans leur construction-composition.

III. Le bricolage inconscient et savant des séquences de signes pictogrammes

Voilà bien un terme dont C. Levi-Strauss fut le premier lui donner ses lettres de noblesse, inscrite dans l'activité mentale mais pas moins dans le faire technique. Oui, cela bricole drôlement, cela combine fort dans la technique ingénieuse mise en œuvre comme dans l'imaginaire- black box, *camera oscura* où l'instance du signe se la joue belle.

Quoi vous voulez dire que cette façon de combiner regarde l'inconscient ? Oui, oui déclara le semeiotikòs, quelque chose procède, s'enchaîne, répète, fuit et fait retour. Non, non, herméneutique sauvage que celle là ! Ah ? demandez le donc à Fourogatos, le chat sauvage errant, joueur de tours, come à son double humain à la marche pressée qui pour ne pas se perdre dans les arcanes de ses expériences, de ses rencontres, se fie au fil invisible qu' Ariane lui a confié. ... ? Bien sur ce n'est que pour jouer, vous mettre en alerte monsieur l'académicien- archéologue des langues anciennes, ajouta encore Semeiotikòs; mais la répétition insistante de pictogrammes, de paires de signes, comme de l'élision, elles, sont choses sérieuses autant que les contes que se racontent eux mêmes les enfants et beaucoup moins les dits adultes dans leurs jeux religieux, si souvent mortifères ou barbares.

Répétitions insistantes venons nous de dire: pictogramme 02 pas moins de 19 fois; pictogramme 07, 18 fois; pictogramme 12, 17 fois; pictogramme 12, 11 fois; pictogramme 18, 12 fois ainsi que la table synoptique de l'analyse de chacun des 45 signes et de leur fréquences l'établit. Venons en aux «paires de signes» comme les ont appelées Evans et Della Seta c'est dire aux co-occurrences par quoi on définit «la présence d'au moins deux grandeurs sémiotiques, compatibles entre elles sur l'axe syntagmatique» (Greimas et Courtés 1979, 72). Les pictogrammes sont bien de telles grandeurs compatibles; l'axe de leur juxtaposition, de leur occurrence dans une succession correspond à l'axe syntagmatique où ils se combinent. Ces co-occurrences représentent 56,9% des 123 signes de la face A et seulement 13,4% des 119 signes de la face B soit au total 43% des 242 occurrences-signes du Disque de Phaistos, révélant ainsi qu'en dépit d'une apparente symétrie des deux faces, y compris dans le nombre de pictogrammes utilisés il existe une profonde différence de structuration. La face B présente une diversité beaucoup plus marquée dans la composition de ses séquences. Aucune co-occurrence n'y est aussi dominante que l'est celle sur la face A du visage de profil, dont la partie supérieure de la tête rasée est surmontée d'une coiffure des cheveux où sont fichés de courtes plumes, signe 02, et de ce qui certainement est un bouclier rond où six protubérances, elles aussi rondes se distribuant autour d'une septième, centrale, signe 12. La récurrence de deux autres pictogrammes associés: 31 et 26, un oiseau de proie, aigle doré ou vautour griffon, tenant dans ses serres ce qui semble être un serpent et d'une longue corne de bovidé, Bos Taurus ou Auroch, pour être grosse de signification et d'implications pas seulement paléo-écologiques ne se produit que 5 fois. Le retour insistant de ces co-occurrences disent assez que cette régularité de présence où d'apparition de ces grandeurs sémiotiques à l'intérieur d'une «chaîne», d'une séquence, une fois reconnue devint significative et pourra faire office de point de départ pour une interprétation *logico-sémantique*. Différons la pour le moment au profit de l'examen des opérations qui structurent l'arrangement-combinatoire de ces pictogrammes. Nous venons de voir que la régularité d'apparition de co-occurrences, attestait d'un ordonnancement doublement défini par la coprésence d'éléments «simples» et la linéarité de leur disposition. La première opération g*énérative* est celle de l'adjonction d'entités – signes ou de paires de signes associés, ainsi dans les séquences A8 par rapport A24 ; A16 répétée en A19 et A22; A25 par rapport A9 ou d'un seul signe en B21 récurrente en B26 modifiant par ajout la séquence B18. L'adjonction peut devenir accumulation comme dans le cas de cette longue séquence A17 répétée en A29 ou isolée comme celle A23. A. Evans appelle de tels ensembles des «cumulative ideographic groups» (Evans, 1909, 240) ou «composite ideas» résultant de «ideographic conjunctions …by which a picture sign is supplemented by one or more of the same class as to complete the meaning that it is desired to express» (Evans 1909, 285).

La seconde opération est la soustraction ou suppression telle B30 par rapport B24 et B20 ou A30 par rapport A26 et A1. Reste que la soustraction moins fréquente que l'adjonction n'en joue pas moins un rôle remarquable comme nous le verrons plus avant. La substitution qui est une forme de suppression- remplacement court, parfois furtive comme dissimulée, mérite aussi un arrêt. Visible en B24 par rapport B20 ou A25 par rapport A9, elle peut affecter un ou plusieurs signes, ainsi A27 par rapport A10, A12 par rapport A1. Elle peut aussi se combiner à la soustraction, A4 par rapport à A3, A24 par rapport A8. C'est peut être là dans ces opérations de substitution que s'avère la fonction de signe ainsi que le soulignait Foucault dans «Les Mots et les Choses» établissant bien après de Saussure «qu'il n'y a de signe qu'à partir du moment où se trouve *connue*, la possibilité d'un rapport de substitution entre deux éléments déjà *connus*» (Foucault 1966, 73). Reste que pour être *connus* comme nous le verrons, au moyen de l'analyse, seconde au regard de celle de l'ordre, la substitution d'un signe par un autre signe différent en sa nature, tel qu'un bouclier rond remplacant un arbre, dans ce cas un Platanus Orientalis, A25–A9, fait question. Mêmes grandeurs sémiotiques, certes, mais dans un rapport d'hétérogénéité et dans certains cas d'opposition, ainsi dans la séquence B5.

Ils n'appartiennent pas au même champ sémantique, aux mêmes catégories de realia, tels B18 et B19 où les termes des deux séquences se construisent comme sur la base d'une polarité sémantique voir, encore une fois d'une opposition. Et c'est là une caractéristique de ses séquences, peu sont homogènes comme le sont A4, A9 et peut être B16 ou quasi homogène telle B6 et B14. L'échange de pictogrammes est plus complexe, il met en jeu au moins 4 signes, deux dans la séquences de départ deux dans la séquence *transformée* avec changement de place de signes similaires, ainsi dans B10 et B11, A22 et A25. Dans ce cas de figure nous avons un échange avec changement de place d'une paire de signes combinée à une élision.

L'élision ou l'ellipse comme inversion de la répétition consiste dans la suppression de un ou plusieurs pictogrammes, c'est dire une soustraction. La séquence apparaît alors comme incomplète, mais faisant de la sorte pointer comme dans le travail du rêve, de la poésie, le processus métonymique où la partie tient lieu du tout, ainsi le bouclier rond à bosses, pour la tête coiffée de courtes plumes disposées en crête suivie du dit bouclier et d'une massue noueuse ou cloutée. Métonymie et synecdoque apparaissent en A2, A6, A25, mais aussi en B5 et B8. Ces deux procès, si fondamentaux de la psyché humaine (Freud 1967, 241-346; Lacan 1966, 272-275 ; Benvéniste 1966, 75-87) non seulement sont à l'oeuvre dans la constitution des séquences mais plus encore dans nombre de pictogrammes faisant office d'objets partiels tels la corne, la peau, l'arrière train, le bas de la mince jambe s'achevant par le sabot mais jamais le bovidé, fusse sa tête comme il en va pour le chat sauvage ou le bélier, bref comme dans les images des rêves où parce que barré d'accès quelque chose insiste, dans la substitution, le déplacement, la métonymie, faisant «qu'il n'est aucune signification qui se soutienne sinon du renvoi une autre signification.... que les images du rêve ne sont à retenir que pour leur valeur de signifiant, c'est dire pour ce qu'elles permettent d'épeler du – proverbe – proposé par le rébus du rêve» (Lacan 1966 v. 1, 254 ; 268). Il ne reste au savant des langues anciennes comme l'archéologue en peine de parallèles archéologiques assurés, de lire ou peut être de relire ces pages (v.1, 268-270) de Lacan qui a été si souvent déclaré «amphigourique», dans lesquelles il établit que le psychanalyste est aussi loin de vouloir décoder un sens déjà déposé comme il le serait dans le marc de café, que de suivre la voie du déchiffrement des hiéroglyphes d'Egypte ou d'une «sémiologie figurative» celle de signes iconiques renvoyant à des objets, des realia constituant leurs nécessaires référents. Toutes les analyses remarquables du Disque de Phaistos ont suivi cette voie: celle privilégiée de l'identification, que norme le schème du «ceci est» comme le font aussi sur un mode analogique de nombreux officiants de la psyché, les «psychotocs», continuant de refuser la découverte freudienne, rendue elle même dans sa vive et dérangeante puissance par Lacan: découverte revisitée s'élaborant d'un usage très particulier du signe linguistique où la relation arbitraire du signifiant et du signifié se mue au profit de la mise en place d'une nouvelle barre, par quoi s'indice le processus complexe du refoulement, gros de la «Verschiebung», le pousses toi de là que je m' y mette de l'inconscient. Quel est donc le régime du signe dans le Disque de Phaistos puisqu'il ne s'agit ni du signe linguistique comme valeur différentielle dont la structure relève de l'arbitraire, ni du signe «freudien» ?

Difficile la question l'est, mais incontournable. Nous ne poserons pas de lapin à celui curieux d'en savoir d'avantage : là où gite le lièvre ! Faisons d'abord retour à la manière dont Evans traite le problème. Qu'il y est «en apparence un parallélisme en général entre les signes du Disque et ceux de sceaux crétois est évident.....ils se divisent en des catégories similaires.... une dizaine de signes(...) sur 45 ressemblent plus ou moins aux formes des hiéroglyphes crétois» ; mais «When we come to compare the figures in detail with those of the Minoan hieroglyphic signary a very great discrepancy is observable...About four-fifths of the signs on the Phaestos Disk are new and independent forms» (Evans 1909, 24). La comparaison avec les quelques 96 signes (Sakellakaris 1997, 326-327) du Linéaire A les plus communs ne donnera que 2 signes comparables, 22 et 45 (Godart 1994, 120, 142). Il s'agit donc d'un ensemble sémiotique nouveau, non identifié, «isolé» écrit Godart et non Minoen pour Evans (1909, 22-28 ; 285) dans lequel «the relative importance of ideographic caracters strikes the eye» (Evans 1921, 659).

Certes ces «picture signs» souvent si ressemblant aux realia qu'ils représentent, témoignage d'un art consommé du dessin figuratif, ont une dimension idéographique, mais celle si s'avère peut être plus dans leur arrangements syntagmatiques complexes que dans leur être de pictogrammes où se loge le souci de la figuration, de la *qualité présentative*. La suggestion de Lacan selon laquelle cette figuration – mise en scène propre à certains modes de pictographie pourrait peut être s'éclairer des deux processus distincts à l'œuvre dans le travail du rêve: ceux de la condensation et du déplacement, invite y regarder deux fois. C'est que dans l'enfilage des signes, tels celui de sceaux enfilés sur le lacet de cuir ou la ficelle qui les empêche de se disperser, de se perdre, bref qui les tient ensemble, il se passe bien quelque chose: l'avènement de la signification, fut elle conquise au prix d'associations qui nous, d'une autre ère, paraissent «insolites, incongrues» comme l'écrit aussi Evans (Evans 1921, 659) et Lacan (Lacan 1966 v. 1, 274) s'agissant de la substitution du signifiant au signifiant à l'œuvre dans la poésie, la création. Et c'est bien cette ficelle sémiotique où glissent les anneaux de sens qu'avait entre aperçu Evans en faisant remarquer que les pictogrammes incisés en creux dans les sceaux en ivoire des premiers âges Minoens n'apparaissaient *jamais* en groupes, ainsi que ceux du Disque de Phaistos, eux inscrits dans la contiguïté, la linéarité.

Lien et structure, c'est bien là que gitait le lièvre plus haut évoqué. La relation en somme du signifiant au signifiant, du pictogramme au pictogramme, du primat *méthodologiqu*e de l'ordonnancement, de la structure sur l'élément. Pour autant nous n'en conclurons pas que cette ficelle concrète-abstraite compte d'avantage que ce qu'elle porte ou retient. Les deux sont inséparables aussi inséparables que le recto et le verso d'une feuille d'arbre.La signification paraît comme courir, fuir, glisser, mais elle a besoin de *l'arrêt* de la figuration du pictogramme, sans laquelle elle n'existe pas.

    Concluons cette première étape en revenant à la question du régime de ces signes reliés, montés en séquences comme on le dit de séquences filmiques. Nous avons vu que ces montages-bricolages mettant en branle des processus inconscients, définissaient une combinatoire signifiante dont nous avons mis en évidence les opérations structurantes comme *transformatives* particulièrement, la substitution et parmi ses formes, celle métonymique, peut être propre à des signes pictogrammes où la relation existentielle empirique, la contiguïté entre eux et les choses qu'ils représentent est inhérente à leur mode d'être, c'est à dire non arbitraire. Il n'est donc sans doute pas fortuit que rien ne se repère de ce qui serait de l'ordre de la métaphore, autre forme de substitution qui porte sur les seuls signifiants, excluant toute relation empirique entre les deux termes du signe, mais linguistique celui là. Dès lors, cette combinatoire signifiante nous paraît relever du régime de signes ainsi que l'appelle E. Veròn «de type II obéissant des règles de codification basées sur la substitution, la continuité, le non arbitraire, la similarité» régime de l'analogique où s'inscrivent «la photographie, le dessin et la peinture figurative» (Veròn 1970, 60). «Les systèmes de signes appartenant au type I sont ceux qui fonctionnent conformément à des règles de codification basées sur la substitution, la discontinuité, l'arbitraire et la non similarité: le langage lui même, les signaux lumineux de la circulation, le code des drapeaux des divers pays du monde, la notation musicale ordinaire...» (Veròn 1970, 60). Une partition vient ici de s'établir entre langage et système pictographique : les signes du Disque de Phaistos n'appartiennent pas un langage, ni fortiori à une écriture, si ce n'est par abus des mots. Avec raison A. Evans, non sans en avoir exploré longuement la possibilité a renoncé rattacher ces «signs-pictures», qui le sont en effet, aux écritures hiéroglyphiques comme à celle du Linéaire A ainsi que nous l'avons vu.

IV. La voie des pictogrammes

Non moins ardue et hardie est la voie exploratoire de ses signes si particuliers. Nous ne traiterons pas ici de la totalité de ces 45 signes, le tableau synoptique auquel nous renvoyons (table II) est suffisant à cet égard et permet la réélaboration de celle proposée par Evans (Evans 1909, 275-276; 1921, 652-653), le travail d'identification ré identification une fois opéré. Ce dernier requiert la prise en compte de la fréquence d'apparition des pictogrammes, de leur entourage, de leur place dans les séquences où ils adviennent, c'est dire du réseau de relations dans lequel ils s'insèrent. Ce mode de procéder s'avère particulièrement pertinent dans l'analyse des pictogrammes où la relation à leur référent devient comme floue, suscitant dans cette absence de distinction, comme celle d'une mise au point manuelle d'une prise de vue photographique ratée, les affres de l'incertitude, du «que vois-je ?» du «qu'est ce que c'est que ça ?». Une tête de chat fait tilt mais sans doute pas le signe 22 considéré comme double pipe, instrument de musique, ou fronde; et quoi encore ! Autant de têtes «pensantes», autant de modes de percevoir en remarquant qu'ici c'est bien la *perception* d'abord culturelle avant que d'être sociale qui est en jeu. Bref le critère de la similarité est avant tout perceptif, phénoménologique. Ainsi en est-il dans sa nature: le pictogramme, *ne se lit pas, il se voit*, se regarde, jusqu'en ses moindres détails, le 8 tatoué sur la joue droite d'un visage: signe 3; la poitrine tombante de la figure féminine: signe 6; ou «le chat sauvage» qui est le seul signe – être, à regarder dans toutes les directions, à droite, à gauche, en bas en haut comme si au moyen de cet infra codage par le truchement de ce signe graphique, comme le définit Umberto Eco le distinguant du sème, image ou «proprement signe iconique» (Eco 1970, 39), l'artiste avait voulu signaler le mouvement, l'attention aiguisée de ce félin peut être plus malin que le jeune guerrier à la coiffe emplumée. Le séméiotikòs est un peu comme ces désuets Sherlock Holmes ou Hercule Poirot; qu'il vienne se tromper dans la compréhension d'un indice (sème ou signe graphique) et c'est l'enquête qui se fourvoie, comme il advient à L. Godart avec le signe 22 qu'il déclare être une fronde, ou pire Evans qui voit un sein dans le dessin de l'objet en forme de cloche, signe 7, ou Pernier avec le signe 31 qui est bien un poisson mais surtout pas un thon. Quand l'ancrage sur un fond sableux dérape le bateau peut se perdre, comme il ne pouvait que lui arriver avec les ancres de pierre des premiers temps de la navigation Minoenne. Surgit le signe 25 un navire, où une fois encore, le bateau, celui là du capitaine L. Godart vient verser sur le côté avant de s'échouer, faute de son capitaine de savoir naviguer prenant la poupe du navire pour la proue (Godart 1993, 55 ; 1994, 111-112). Choisir une embarcation symbolique gravée sur le chaton d'un anneau célèbre provenant de Mochlos datant du début du Minoen tardif I (Seager 1912, 90, figure 52) comme si l'on était sur d'avoir trouver le bon parallèle archéologique, c'est ignorer la publication par Evans dans le second volume de son œuvre en 1928 des représentations de navires datant du Minoen récent II et du Minoen Moyen III. Malgré la qualité présentative des pictogrammes, témoignant d'une attention qu'ils soient *reconnus* et donc *vus* l'établissement de la certitude vire le plus fréquemment au probable, invitant à explorer le champ des possibles, circonscrire le périmètre du raisonnable-arraisonnement, avant d'exiger, de ce fuyard de sens, de se rendre. Une telle procédure d'arraisonnement-identification n'est pas toujours possible particulièrement dans le cas de ces signes uniques représentant des instruments : signes 42, 43. On l'a dit l'entreprise est ardue, sans que ces difficultés invitent à renoncer, alors que d'autres écueils plus impressionnants l'attendent encore.

Examinons ce qui serait une double pipe pour ce qu'il s'agit du signe 22 paraissant uniquement sur la Face B dans 3 séquences, B4, B9, B21 en première place respectivement devant le pictogramme d'un navire, une plante s'achevant par une inflorescence en forme d'éventail, devant la tête de chat sauvage aux longues oreilles pointues. La considération de son entourage le plus immédiat ne permet pas de vérifier l'existence d'une association nécessaire, d'induire une liaison directe. Est ce là un idéogramme ? Si la plante de la séquence B9 suivie du signe d'un instrument qui pourrait être un grattoir peut venir suggérer que tout ou partie de cette plante ait été utilisée comme une sorte de tabac fumé au moyen d'une pipe cérémonielle précédent le départ d'un navire chargé de peaux tel qu'en B4, nous renvoyant ainsi l'idée d'un possible rituel, le montage des signes de la séquence 21 vient relativiser cette suggestion. Or ce pictogramme a bien un corrélat objectal et même trois d'une similarité saisissante. Trois exemplaires en effet en sont exposés dans la seconde salle du splendide nouveau Musée d'Hérakleion réinauguré en mai 2014. Ils furent découverts en 1914 l'occasion de la fouille des Tholos (tombes circulaires communales) de Koumasà et de Plàtanos effectuées par Stéphanos Xanthoudides. Il s'agit d'une vaisselle rituelle, «this curious vessel of Koumasà (4295, plate XXVIII) is shaped like the lower part of the human body from the waist down; it consists of a cylindrical belly open at the top, standing on two long tubular legs.» (Xanthoudides 1924, 39) Les exemplaires de Plàtanos 6865 et 6866 plus petits (26 et 29 centimètres), datés du MMI provenant du Tholos gamma sont décrits comme ayant chacun la forme d'une «paire de pantalons» (Xanthoudides 1924, 93 ; Branigan 1970, 83). Rejetée l'identification du pictogramme 22 comme pipe cérémonielle, reste la fonction votive ou rituelle de ce curieux objet à une distance sidérale d'être une fronde, mais pas moins drôlement, d'avoir la forme de pantalons et l'on dirait aujourd'hui de manière moins exclusivement masculine de «patterned tights». La datation comme le

IV. La voie des pictogrammes 31

lieu de leur découverte avertit que quelque chose de la fonction symbolique est puissamment à l'œuvre dans cette primauté par excellence du pictogramme 22 ainsi promu à la dignité de super signifiant comme A, indice d'une *autre* scène ainsi au Tholos où, c'est de mort dont il est question, de rituels honorant par des offertes et des repas communautaires ceux disparus. Ce lien symbolique-archéologique invite regarder de près le signe 24 étrange construction, aussi longuement analysée par A. Evans (Evans 1921, 657) que par L. Godart déclarant l'identification de Evans «de cette construction semblable à une pagode dont l'architecture rappelle celle des structures funéraires Lyciennes» rien moins que «pompeuse» (Godart 1994, 108). Il reste que le signe 24 apparaissant une fois en A2 et 6 fois, sur la face B, en B5 derrière un poisson, en B10 entre ce qui est un casque (7) et l'arrière train d'un bovin (40), en B13 redoublé et derrière la tête de du chat sauvage, en B25 en positon terminale, n'est jamais associé au signe précédent comme on aurait pu s'y attendre. Il n'apparaît qu'une seule fois sur la face A en A 2 devant l'arrière train de bovin. A. Evans voyait dans ce signe représentant un «pagoda like building, the *most significant figure*». Il n'y a rien là de pompeux, et suggérer le parallèle archéologique représentant cette architecture sur une tombe de Myra excavée dans la roche, n'a rien de scandaleux et ce d'autant que Evans à la différence de Godart publie, lui, les parallèles. Indubitablement l'architecture bien visible de la construction représentée dans le signe 24 se caractérise dans sa partie supérieure comme par une coupole, à tout le moins une voute et cela à la différence de la représentation de Myra «où l'intérieur de la construction supportant l'apex ne converge pas vers le centre du toit comme il le ferait s'il s'agissait de la coupole d'un bâtiment rond». On ne peut qu'être redevable à Evans de cette précision architectonique, comme de celle de signaler la plateforme dans la construction rectangulaire à sa base de Myra. Et Evans de conclure qu'il n'existe aucune construction de ce type en Crète ; s'il s'agit du type de construction Myra, certainement. Mais il y a les Tholoi celui appelé A d' Haghia Triada découvert et une première fois fouillé en 1904 par Halbherr ceux Koumasà et de Platanòs en 1914 dont les remarquables caractéristiques et le riche matériel archéologique sont publiés en 1924 par Xanthoudides, avec une préface de Evans de 13 pages, qui revient sur les caractéristiques architecturales de ces tombes communales qu'il appelle «beehive tombs» et sur le fait ethnologiquement capital mis en évidence par Xanthoudides de parallèles architectoniques des temps modernes : les laiteries du Mont Ida, dont dans l'appendice de son œuvre, il lui plait de penser que de générations en générations elles ont reproduite l'architecture des tombes de la plaine de Messara, témoignages de la plus ancienne civilisation de l'île. A cette architecture si ancienne et si particulière des tombes à voutes K. Branigan consacre un ouvrage non moins précieux et aussi remarquable que l'est celui de Xanthoudides auquel il rend à plusieurs reprises un vibrant hommage, en particulier sur la précision de l' attestation de l'existence de telle voutes effondrées, dans la mesure du volume de 25 mètres cube de dalles taillées avec art couvrant le sol du Tholos B de Platanòs (Branigan 1970, 39). Or si l'on revient aux traits architecturaux visibles dans la figuration du signe 24 on constate qu'il s'agit d'une construction ronde au sol, surmontée d'une plateforme double et d'un toit vouté, construit en encorbellement, bref d'une structure en forme de ruche comme l'appelle Evans. Les principaux de ces traits architectoniques analysés dans le troisième chapitre de l' étude que leur consacre Keith Branigan sont présents dans l'architecture de 50% des Tholoi de la plaine de Messara apparue au début du Minoen Récent I et qui connaitra un remarquable progrès dans les techniques de construction au Minoen Moyen I dont témoigne le tholos de Kamilari, fouillé à partir de 1954 par Doro Levi (Levi, 1962). Certains de ces tholoi semblent avoir été dotés d'une plateforme semblable celles des fromageries du mont Ida. La porte d'entrée le plus fréquemment orientée à l'est, d'une hauteur variant de 0,90 à 2 mètres, ainsi à Drakones (Branigan, 1970, 34) est construite avec une grande attention au moyen de montants constitués de blocs de pierre imposants et travaillés sur lequel repose un linteau présentant les mêmes caractéristiques. Cette structure ou trilithon peut comme á Koumas, tholos B, être renforcée par un bloc médian (Xantoudides 1924, pl. XVII). C'est là une des caractéristiques de la base de la construction représentée dans le signe 24. Il reste que pour présenter une analogie avec l'architecture à encorbellement, partielle ou complète des structures funéraires de la plaine de Messara, cette figuration apparaît plus «aérée» plus frêle et plus élancée que le serait celle, massive d'un tholos n'en mesurant pas moins possiblement de 5 à 6 mètres de hauteur, au point que l'on pourrait penser comme à une cage. L. Godart fait cette suggestion mais retient qu'il puisse s'agir, avec quelque justesse, d'une ruche indicée par la présence du pictogramme abeille. C'est ici au demeurant que L. Godart établit exceptionnellement une relation entre signes non directement liés, dont il se gardera bien de la renouveler dans son catalogue. Maison des morts opposée à celle de vie des abeilles en somme, mais à la même forme de toit, en encorbellement, *tombes-ruches* avait écrit Evans en 1924 dans sa préface de l'ouvrage de Xanthoudides. Là encore point le nez de l'anthropologie culturelle, avec elle la fonction symbolique. Ce miel, fruit d'insectes divins présentifiant l'épiphanie de la déesse dans les scènes de rituels extatiques de sceaux en or (Warren 1989 ; Goodison 2009b. pl. 91, 92) ou de précieuses paires de boucles d'oreille provenant du palais de Malia (A. Vasilakis, 128) ce miel de Crète toujours aussi savoureux et délicat était exporté par bateaux ainsi de Zakro, à l'extrême est de la Crète. Un rapide coup d'œil sur les séquences B4, B22, B29, B30, assure que, le navire représenté 5 fois sur la face B et 2 fois sur la face A, dans la séquence A14 répétée en A20, lié au signe de la large peau, placée avant ou après ce navire, n'est pas n'importe quelle embarcation, mais un navire marchand exportant des denrées telles que les eaux. En B29 il est représenté dans ce cas unique conformément à sa position naturelle, l'horizontale, voguant sur les flots. Et c'est bien ce qu'il va faire, la proue en avant entrant dans les flots représentés dans la dernière séquence B30 succédant immédiatement, bien que séparée par un trait vertical de la précédente. Le signe 45 par lequel commence cette séquence finale, par laquelle aussi s'achève le déroulement du ruban des signes ne «dit» que cela: ondes de la mer, de la baie ou du fleuve, mais gardé, que ce soit la rive ou la berge ne change rien. Il confirme l'appareillage qui le précède pour une destination inconnue. Et voilà qu'examinant la forme de la coque de ce navire on retrouve une datation archéologique qui va du Minoen Récent II au Minoen Moyen III ainsi que nous en avise Evans une fois encore. (Evans PMK v.2. 239, figs 136a, b ; Xanthoudides 1924, pl. XIV n° 1079). Le sceau provenant du tholos A de Plàtanos témoignant de la connaissance de tels navires nous servira ici de guide. La poupe de ce navire est prolongée à l'extérieur par une excroissance telle celle du petit modèle en terre cuite provenant de Palaikastro du troisième millénaire Av J.C. (Evans, PMK v.2, 249, fig. 137) en fait une partie de la quille, et est surélevée (château arrière). La proue s'achève en trois pointes en forme d'ornement qui sont construites par les prolongements de l'étrave et sans doute des plats bords; incurvée telle une corne puis se relevant quasiment droite, elle est plus haute que la poupe comme dans toutes les embarcations Cycladiques datant du Minoen Récent II avec lesquelles cette particularité morphologique peut être comparée (Coleman 1985, 199, fig. 5). Le navire est doté d'un mât planté en son milieu, muni d'une bôme. Deux poissons, possiblement des dauphins accompagnent le navire, nageant dans la direction de ce qui ne peut être que la proue, n'en déplaise á Evans qui sur la nomination exacte de cette partie d'un navire s'est souvent trompé tout comme L.Godart le fera plus tard. L'assurance en est qu'il est d'usage chez les dauphins rencontrant un voilier, de l'accompagner sautant dans l'eau avant de s'immerger pour un court instant et de nager juste au devant de l'étrave. L'embarcation du pictogramme 25 diffère peu des caractéristiques morphologiques examinées précédemment. L'ornement tripartite achevant l'étrave présente des pointes arrondies telles les pétales d'une marguerite. L'extrémité de la poupe est surmontée d'une barre horizontale dont la partie externe tournée vers la proue est munie d'une sorte de boule, celle orientée dans la direction opposée laisse pendre quelque chose comme une bande d'étoffe, sans que l'on puisse être certain de ce signe iconique, de ce «codage». S'agirait il alors d'une embarcation ornée pour une procession maritime comme celles représentées sur la fresques miniature nord, de Théra ? La comparaison faite par Godart avec l'embarcation magique du sceau de Mochlos, portant un divinité féminine encore assise, s'apprêtant débarquer pour se rendre à ce qui est un *sanctuaire côtier* figuré par une colonne surmontée d'un chapiteau ou celle supportant partiellement un linteau, vaudrait avant tout de la seule proue de l'embarcation basse sur l'eau, s'achevant par trois pointes. La poupe, la morphologie semblable à celle d'un d'hippocampe supporte non pas un emblème mais un autel surmonté d'une plante, très probablement un figuier de barbarie. Dénoté d'une fonction symbolique, le pictogramme de ce navire est directement lié dans la séquence B22 répétée en B29, au pictogramme 23 dans lequel L. Pernier voyait une colonne chapiteau carré et Evans avec insistance, un instrument (Evans 1909, 276) : un maillet ou une masse de terrassier de prime abord plus probable que ne l'est un maillet, généralement au manche court, si ce n'est dans un jeu tel que le criquet. Sans examiner les occurrences de ce pictogramme 23, sa fréquence élevée : 11 fois, comme sa place dans les séquences, il est difficile de réduire l'ambiguité, l'incertitude. L'identification requiert ici comme dans d'autres cas une désambiguisation permettant de progresser vers une «isotopie», une détermination sémantique univoque (Greimas et Courtès,1979, 91). Une colonne en bois surmontée d'un chapiteau carré et non une masse de terrassier tel est le signifié du pictogramme 23., en dépit de la séquence homogène B6 où il pourrait apparaitre comme un outil tel la scie curieusement sans dents qui le précède et ce qui est un angle de charpentier (18), représenté pas moins de 12 fois sur le Disque. En B22 répétée en B29 le signe de la colonne est précédé d'une abeille et suivi du navire, en B25 s'intercale entre un casque et un angle de charpentier, en B28 entre un arbre et un casque et à nouveau dans une position intermédiaire en B3, séquence de quatre signes du plus haut intérêt où il vient annoncer que derrière une plante et devant la figuration d'un enfant portant une tunique couvrant les genoux, il ne peut plus s'agir d'une masse de terrassier, ce qui serait un non sens logico sémantique tout comme en B28 et B29. Ce faisant nous venons de voir que le signe 18 identifié comme «boomerang» référé à celui de la tombe de Tutankhamon par L. Godart (Godart 1994, 106) n'est en rien ce pictogramme, mais une bévue sémiotique-archéologique de plus, s'ajoutant à celle de la fronde et un moindre degré celle plus maritime du navire. Pas moins de trois fois cet outil ainsi que le rabot (19) sont associés à la colonne en A14, A20 et A27 suggérant qu'il s'agisse avec son chapiteau carré d'une colonne en bois ainsi qu'il peut être déduit logiquement de la séquence A27, combinée à B6. Pour être dénotée par des instruments de charpenterie qui prennent toute leur importance avec l'essor de la construction navale à la fin du Minoen Récent II, cette colonne, en bois de cyprès ou de platane, bois tous les deux très durs, n'en a pas moins comme nous en avertit M. Nilsson (Nilsson 1927, 231, 234, 236-237) une fonction hautement symbolique, objet de rituels. En A 12 la colonne apparaît entre une colombe et

IV. La voie des pictogrammes   35

une rosette, en A18, séquence très courte, derrière un poisson, association aussi incongrue qu'insolite au premier abord et qui aurait pu faire comme d'autres séquences les délices d'un peintre des idées-objets comme Magritte. Ainsi que nous l'avons vu en B 29 la colonne au chapiteau carré apparaît ainsi non moins reliée à la nature: plante (31), arbre (35), colombe (32), abeille (34) et chat sauvage (29) et non moins significativement à l'enfant (5). Tel est donc ce que livre l'examen attentif de l'entourage d'un signe qui telle la ruche-tholos et le navire s'inscrit au registre de signes de constructions et cela va sans dire : pas n'importe lesquels. Nous ne dirons rien encore de l'association du poisson et de cette colonne mais nous contenterons de ce qui en anticipe l'analyse, à savoir son association avec l'arbre ayant avancé une référence de poids avec

    L. Nilsson. Dans le chapitre qu'il consacre à l'examen des actions cultuelles dévouées aux arbres (Nilsson 1927, 225-246) Nilsson met en évidence partir d'un riche matériel archéologique, composé d'impressions sur l'argile et de représentations gravées sur le chaton de bagues, que de nombreuses scènes rituelles associent un arbre, une construction qui est un autel et une ou plusieurs colonnes devant lesquels dansent des sujets humains, le plus souvent féminins et qui nues aussi, peuvent secouer les branches de cet arbre (Goodison 2009 a, 51- 57). De tels arbres et une colonne ou deux surmontées d'un linteau faisant office de portique, étaient entourés d'un enclos constitué de bas murs de pierres. Nilsson rappelle en se différenciant de Evans pour qui l'existence de telles colonnes isolées dans un paysage rural était peu probable à l'époque Minoenne, que construites en bois, même dur, elles ne pouvaient qu'avoir disparu. A en juger par une impression provenant d'Hagia Triada présentée à la page 231, figure 75 M. Nilsson est loin de se tromper. Cette impression est également reproduite dan l'ouvrage que Doro Levi consacre aux impressions sur argile d'Hagia Triada (Levi 1925-26, 141, fig. 156). Une deuxième impression est publiée dans le même ouvrage (140, fig. 154) où l'on voit un personnage féminin le torse nu, vêtue dune robe volants superposés danser devant un arbre situé dans un enclos sacré. Seules les larges feuilles à 5 lobes «dentés» sont bien visibles comme la plante à double bulbes dont P. Warren a montré qu'il s'agissait de l' Urginea Maritima (L) Baker ou Scille ou encore Skylla, au fort pouvoir apotropaïques d'éloignement de la mort et non moins de régénérescence (Warren 1984, 17-24). Nous noterons d'abord, s'agissant de cet oignon marin, une curieuse coincidence ; au lieu dit de Skyla dans le détroit ainsi appelé par (Platon, Lettres 347) poussent en abondance cette plante Méditerranéenne sur les pentes montagneuses plongeant pic dans les eaux limpides et dangereuses, il y a peu encore, de la mer Tyrrhénienne. Ce n'est pas l'Homérique Skylla dont il est question ici mais des puissants courants comme de certaines espèces de la faune marine. Le pouvoir des Scilles- Skylla de l'impression de Hagia Triada est redoublé dans celui de cet arbre «de vie» qu'est le platane :le Platanus Orientalis aux feuilles à 5 lobes dentés mais aussi 7 ou 3, poussant comme les peupliers dans le zones humides, mais sachant également s'adapter aux terrains secs. Le Platanus Orientalis peut vivre plus longtemps encore que les oliviers millénaires calabrais de la plaine de Gioia Tauro, jusqu' 4000 ans. Ses dimensions peuvent être impressionnantes, jusqu'à plus de 30 mètres de hauteur et atteindre une circonférence de 12 mètres comme celui dit d'Hippocrate à Cos. Il est dans la Grèce ancienne symbole lui aussi de régénérescence. Et puisqu'il est question d'arbres et de plantes, notons que le signe (36) peut tout aussi bien représenter un pied de vigne qu'un olivier.

L'agrandissement photographique de ce signe comme ceux des 44 autres présentés par J.P Olivier dans son édition précieuse du Disque de Phaistos (Olivier 1975) et pour la première fois des 61 séquences, déroulées selon l'ordre initial que leur donnait Evans en 1909, autorise avec plus de sureté ainsi qu'il le souhaitait, de les étudier et de mettre en lumière certain traits graphiques qui resteraient difficilement perceptibles sans cette aide de photographies précises, focalisées grossissant leur objet, permettant de mesurer non moins combien les dessins de E. Stefani étaient et demeurent le plus souvent remarquablement exacts, respectueux du «style graphique» de leur artiste. C'est grâce à cet appareillage que l'on peut voir que le signe (37) ne se réfère pas un papyrus mais à une plante s'achevant par une inflorescence unique en éventail dont la tige ronde porte de courtes feuilles recourbées à leur extrémité vers le bas et que s'agissant du poisson (33) de la séquence A18 nous n'avons nullement à faire à un thon. La tête pointue, la gueule soulignée d'un trait. la nageoire dorsale et non immédiatement en arrière de la nuque comme pour le thon et l'espadon, s'incurvant vers la partie postérieure du poisson, les deux petites nageoires près de la queue et la forme de celle ci même, en lune, à cette particularité près, que sa partie supérieure devrait être légèrement plus grande, tous ces traits font que parmi les possibles écologiques en compétition auxquels on pourrait presque ajouter l'esturgeon nous avons faire d'une manière assez inouïe à un requin, une taupe bleue, de son nom scientifique Isorus Oxyrinchus qui était encore chassé au harpon lorsque nous débarquâmes jeune ethno-sociologue le 4 aout 1979, dans le détroit dit de Messine (Collet 1993, ssfsymposium. org/presentation, 2013). Se comprend ici pourquoi ce signe dans la nuit d'une froide et très humide de 2012, ce poisson avait fait «tilt» comme avaient pu le faire certaines photos pour Roland Barthes à qui nous empruntons ce vocable (Barthes 1980, 38). Il y avait dans ces insolites arrangements, bien sur le navire, l'onde, et un coquillage une sorte de buccin (20). Il s'agit de fait d'un dolium, du Tonna dolium Linnaeus, ou Tonna Galea d'un gros ver de mer carnivore qui tue en enveloppant ses proies : poissons, bivalves, crustacés en leur injectant une salive contenant de 2 à 5% d'acide sulfurique. Il vit sur les fonds boueux facilement reconnaissable à ses côtes et sillons de son importante coquille

IV. La voie des pictogrammes 37

atteignant souvent en Méditerranée plus de 15 centimètres de longueur, de couleur jaune blanc avec des taches d'un brun léger, (Wikipedia). Si la Tonna Galea a bien pu nourrir l'imaginaire artistique Minoen et ce très tôt à l'instar d'autres entités marines,ce n'est pas tant son origine de coquillage marin qui est en jeu que sa fonction de vase. Pour Evans il s'agissait en 1909 et encore en 1921 d'un vase pourvu d'une anse, du type aiguillère. Il s'agit bien d'un vase tel celui d'obsidienne tachetée de blanc originaire de l'île volcanique de Mélos trouvé lors des fouilles effectuées par la mission italienne de l'époque à l'aile ouest, dans la pièce 13 de la «villa» palatiale de Hagia Triada, à cette différence près que le dolium représenté sur le Disque est pourvu d'un pied faisant de lui un vase stable, certainement utilisé dans les rituels de libation. La dimension marine –maritime ou au prix du néologisme de «marinité» (Collet 2007, 2009) se trouve donc indexée par trois signes presque quatre soit 21 signes pour 80 signes indexant la faune et la flore terrestre, respectivement 20, 8 et 79,2 % des signes représentant l'environnement naturel. La montagne, que voulait reconnaître L. Pernier en 1909, signe 14 qui est une entrave ou paire de menottes ainsi que Evans l'a établi est, elle, absente, inscrite par connotation dans le pictogramme de l'oiseau de proie (31) tenant comme un serpent dans ses serres, aigle doré ou vautour griffon nidifiant en montagne et qui constituent deux espèces résidentes relativement nombreuses encore en Crète quoique menacées (Sakoulis 2010). Les deux espèces fréquentent particulièrement le mont Ida, dernier refuge du lynx crétois ou chat sauvage, rare mais aujourd'hui en voie d'accroissement dans une zone protégée, le bois sacré de Rouvas, où il avait déjà sa niche écologique avant d'être décimé par la chasse pour son beau pelage. Fourogatos a constitué comme le dauphin un animal de prédilection dans l'art Minoen tous deux représentés respectivement avec finesse dans les fresques de la pièce 14 et du sol dit «Banti» de la villa-palais, une fois encore Hagia Triada si minutieusement étudiés dans leur environnement par Pietro Militello (Militello 1998, 263-264, fig. 30. pl. 6, 30; 320-322, pl. 30). Dans ces représentations environnementales des deux faces du Disque, la colombe liée aussi à l'arbre, Platanus Orientalis en B16 et à la colonne de bois A12 comme elle l'est à son équivalent symbolique : l'abeille, est probablement la Streptopelia Turtur associée aux saisons du printemps et de l'automne et qui nidifie timidement dans les arbres (Natural Museum of Herakleion, University of Crete). On ne peut que rappeler ici le modèle en terre cuite peinte de l'autel trois colonnes rondes trouvé dans les fouilles du palais de Knossos représentant trois oiseaux assis, dont manque la tête, mais qui sont des colombes, modèle datant de la période du premier palais, 190011ZIZ00IZAv J1.C7, (A.Vasilakis, 63). De fleurs il n'y a avant tout que le crocus (39) semblable en son dessin celui du hiéroglyphe crétois présenté par Evans dans Scripta Minoa (Evans 1909, 213 fig. 88) comme ceux de la fresque au chat sauvage de Hagia Triada

(Militello, 1988, pl. 6) dont la tête, en passant,n'est pas celle d'un mâtin comme l'avait vu L. Pernier. Le signe 37 ne représente pas un papyrus ainsi que nous l'avons vu succinctement plus haut mais une plante, certainement de la famille des Asteraceae, ainsi un type de chardon avec une haute tige ronde pourvue de courtes feuilles recourbées et piquantes par exemple le Ptilostemon à une seule fleur pourpre dense, fleurissant d'avril juin et poussant particulièrement bien dans les parois rocheuses et les gorges de Zakros (Natural History Museum of Herakleion). L'autre possible est un salsifis sauvage : le Tragopogon Porrifolius dont la racine est connue pour son goût d'huitre, souvent grattée en salade et dont la pulpe est riche de vitamines B6 et B12 ; son inflorescence rose lui confère aussi une valeur ornementale.

    Le signe 38 a été classé par Evans comme marguerite ou star flower, certainement était ce là ce qu'il représentait antérieurement à la période palatiale, ainsi sur un sceau d'ivoire Plàtanos provenant du Tholos A (Xanthoudides 1924, pl. XIV, n° 1094). Le gravement en creux est identique au signe 38. Autant que d'abord un signe floral il fut ensuite tout en gardant son origine, aussi peint comme décors principal d'un skyphos á bec et bi ansé appartenant à la céramique de Kamares (A.Vasilakis, 71) il devint ensuite un motif récurrent de l'art palatial, particulièrement s'agissant des encadrements de portes, ou de montants de sarcophage tel celui célèbre du Minoen Tardif III d'Hagia Triada. Ce signe connote le lieu palatial dont le tenant lieu fortement métonymique pourrait bien être le numéro 21 identifié par Evans comme représentant un sorte de double peigne employé dans le tissage, nous y ajouterons le cardage des laines. Reste une difficulté proprement technique, un tel instrument serait fort mal utilisable puisque doté en son milieu séparant les deux rangées de quatre dents, d'une barre plate impliquant qu'il soit coincé entre les doigt de la main le manipulant ne pouvant entraîner cout terme que des blessures. Ce signe 21 ressemble fortement au motif de l'empreinte sur argile H M 992 de Phaistos datée du Minoen Moyen II (Levi 1925-6). Imprimé deux fois sur la face A en A 17 et A29 il ne reçoit pas de nom dans la description de L.Godart (Godart 1994, 107). Nous pensons qu'il s'agit de la vue de haut, architecturale d'une aire d'un palais ou d'une villa, aire des magasins où sont entreposés les Pithoi géants ou peut être même les cistes faisant office de lieu d'archivage après destruction de leur bâtiments.

    Avant de conclure cet inventaire raisonné où l'entourage de ces pictogrammes a tenu lieu de guide nous examinerons plus brièvement ceux apparaissant dans les trois autres catégories : outils, armes et figures humaines. Le signe 15 représente une pioche pic propre aux travaux de la taille de pierres et de terrassement. J. Shaw dans l'ouvrage qu'il consacre l'architecture Minoenne présente une telle pioche-pic provenant de Hagia Triada (Shaw 2005, 250, fig. 37a, b). Elle est exposée au nouveau Musée Archéologique d'Héracleion dans la vitrine consacrée aux outils où elle voisine avec une lame de scie en ruban pour les arbres, trouvée elle aussi lors des fouilles de Hagia Triada. Le signe 17 a été interprété par L. Pernier comme un bouclier rond vu de profil, par A. Della Seta comme un sceau vu de profil par Evans et Godart comme un couvercle (de pithos, de jarre, de marmite). La représentation de profil, dominante dans le Disque, vient comme jouer un tour et a de quoi ravir le pointage du doigt des enfants qui peut être diront avec le semeiotikos: «non c'est un outil pour tailler le cuir» à tout le moins celui ou celle qui a eu le bonheur de rentrer dans l'atelier d'un grand père faisant des bottes sur mesure comme on les fait encore en Crète aujourd'hui. Le signe de la large peau est trop important dans le Disque pour que l'on abandonne la voie de leur mise en rapport autorisant l'identification.

Dans Scripta Minoa, Evans classe les figures humaines et leurs parties en première position, les pictogrammes représentant la nature auraient pu, les plus nombreux venir se ranger à celle ci. Une seule figure féminine parmi les 6 signes indexant les humains, c'est peu. Ce signe n'apparaît que quatre fois pour 19 fois pour la figuration d'un jeune guerrier et 11 fois celle d'un garçon la marche pressée. Evans voit dans cette figuration une femme à la poitrine tombante et aux cheveux dressés en arrière un «personnage non minoen» (Evans 1909, 25) ainsi que nous l'avons déjà signalé. Ses vêtements n'auraient rien non plus qui permettent de les caractériser comme minoens tel la longue robe volants se superposant, à une courte veste – corsage laissant apparaître les seins nus bien fermes achevés par des tétons tirés. Attestant de cette surdétermination, qui n'est pas seulement due la découverte des deux statuettes féminines dans les cistes-dépôts de l'aile ouest du palais de Knossos, le fait que le signe 7 suive immédiatement le signe 6, très en cohérence avec la vision de Evans. Ce dernier est déclaré être un sein comme signe symbole de la divinité (Evans 1909, 276). Reste que le hiéroglyphe égyptien censé se référer au moyen de la synecdoque à la divinité féminine *maa* est représenté comme deux seins mais en position inversés. Tout se passe comme si l'identification de cette forme pure tout autant significative d'une métonymie que d'un manque venait rééquilibrer en quelque sorte par son nombre imposant, quelques 15 fois sur la face B pour trois fois en A ce qui pouvait y avoir de décevant dans la figure féminine, qui si elle apparaît liée à l'arbre en B16 comme elle l'est dans les scènes rituelles mentionnées précédemment n'en est pas moins liée aux outils, de manière certainement moins noble au yeux d'Evans parce que moins «sacrée». C'est que quelque part cette Minoenne est vêtue comme une artisane accomplissant des travaux salissant, dures, et non comme ces «blue ladies» d'une fresque de Knossos «papotant» entre elles ou regardant quelque spectacle de leur terrasse, posture codifiée qui se retrouve dans les fresques miniatures de Théra. Maa ou pas maa elle décrie, serait aussi par son visage rapproché de celui d'un singe ainsi que l'écrit Godart (Godart 1994, 100) «grotesque», rappelant une anthropologie physique un tantinet désuète, pour ne pas dire plus… A son mérite, cependant, s'inscrit le rapprochement de figurations similaires provenant des fouilles de Phaistos (Levi 1975, 560, 563). En A8 composée de l'articulation de deux co-occurrences cette femme -artisan associée á l'angle de charpentier, là où l'on aurait attendu le tissage comme en témoigne les scriptes d'inventaires économiques en Linéaire B, mentionnant des appellations, telle : la «Chypriote» vouée à de telles tâches (Olsen 2009, 115-124), est précédée du jeune guerrier et du bouclier rond, là en sa position proéminente comme pour surveiller les activités de cette femme. Présence, insistante pas moins de 12 fois directement, et de trois fois sur un mode métonymique avec le bouclier rond A2, A6, A25, que vient faire cette figure conférant à la face A du Disque une «apparence martiale» ainsi que l'écrit Evans (Evans 1909, 27) non sans raison ? La séquence A5 où apparaît un sujet les mains entravées derrière le dos, les entraves ou menottes des séquences A23 et B14 ne peuvent que sous tendre l'hypothèse d'un événement, d'une présence militaire organisée, diffuse. Si le guerrier peut être reconnu comme tel à ce qui en indice la fonction: le bouclier, la massue, les entraves, le sujet captif, il l'est peut être aussi par sa coiffure. Nous avons déjà signalé que loin de devoir être comparée comme le fait Evans avec celle des Philistins représentés sur les bas reliefs de Medinet Habou commémorant la victoire du pharaon Rameses II sur les Hittites alliés à la coalition des «peuples de la mer» datée de 1296 av. J. C. cette coiffe est minoenne. Dans une épaisse tresse de cheveux non visible séparant les deux parties latérales du crane rasé ont été plantées de courtes plumes tout fait semblables celles de la queue d'un aigle tel que l'aigle doré ou celles du vautour griffon. Sur la face B, le jeune guerrier apparaît encore 5 fois dès la première séquence B1 comme pour rappeler que l'on est pas quitte de sa présence quelque peu envahissante, laquelle vient se substituer à celle tout aussi proéminente d'une chose (15 fois sur la face B) qui n'est pas le sein tenant lieu d'une super mater divine, que le beau livre édité en 1998 par L. Goodison et C. Morris : Ancient Goddesses remet critiquement à sa juste place, mais bien un casque. Certes les deux cas de figure, le religieux ou le militaire restent «encombrants» l'un et l'autre mais pas de la même manière. L'inventaire critique de ces quelques 45 signes permet maintenant de faire retour sur la classification qu'en opère Evans comme sur l'interprétation qu'il livre dans son chapitre synthétique qu'il consacre en 1921 au Disque de Phaistos.

Cette taxonomie est présentée dans la troisième partie de son ouvrage Scripta Minoa de 1909 page 275 : signes 1-9 corps humain et ses parties; 10-23 armes, instruments et ustensiles ; 24-25 un bâtiment et un navire ; 26-34 animaux et leurs parties ; 35-39 plantes et arbres ; 40-45 objets incertains, soit 6 catégories,

IV. La voie des pictogrammes

dont les poids respectifs ne sont pas pris en considération et qui sont hétérogènes si ce n'est mal conçues au regard d'une analyse thématique, recherchant une adéquation optimum du signe à sa catégorie de référence, requérant dès lors une homogénéité basée sur l'appartenance d'un signe une même classe. Cette dernière suppose une opération de désambiguisation, sous tendue en deçà par celle analytique des entourages, des relations entres signes. Les signes 7, 8, 9, font problème à tous ces égards tout autant que la non distinction armes outils. La nouvelle classification que nous présentons fait apparaître derrière une symétrie apparente des thèmes des deux faces une dissymétrie de fait. Les figurations humaines sont deux fois moins nombreuses sur la face B, les items indiçant la fonction guerrière y occupent une place plus réduite. Apparaît la catégorie de la vaisselle rituelle, les pictogrammes représentant des items naturels y sont plus nombreux et deux fois plus importante les constructions. La fréquence de signes tels que le chat sauvage, les peaux et le navire, les ruches, le requin et la baie sans omettre la vaisselle rituelle dessine une toute autre configuration que celle de la face A dont la co-occurrences du noyau de signification constitué du jeune guerrier associé au bouclier ou d'une manière plus épisodique à la massue, celle ci au casque, vient comme commander de proche en proche le réseau des relations inter-signifiantes. Si de principe figuré ordonnant la face B on peut entre voir, il s'agirait du chat, fourogatos qui dans sa félinité rusée semble lui, défier tous les contrôles. Si une berge ou une rive est gardée, il reste toujours sur la sienne observant attentivement tout ce qui se passe au cours de ses périples exploratoires sans jamais y être pris. Son double des airs, l'aigle, survole, inspecte de haut, mais bien souvent la même chose que lui offre cette nature, cet environnement là :les longues cornes des aurochs paissant dans une prairie ombragée de hauts platanes. Un paysage se dessine donc là, anticipant l'analyse interprétative à verser au compte d'une connexion partielle entre les signes composant la séquence A9. Celle que construit Evans prioritairement pour la face A est, elle, sans beaucoup d'égards aux contiguïtés construites dans les séquences et à leur ordonnancement. Il ne retient que bien peu de ces signes naturels se contentant d'en souligner le caractère très pictural, alors que ne peut manquer de surgir la question de leur choix : celle du pourquoi de telles «affordances valorisées» (Collet, 2007) à titre d'exemples le requin mais pas le thon ou le dauphin, le dolium et pas le triton, le platane et pas le cyprès, l'onde marine et pas la montagne. Les entités composant l'environnement naturel du Disque sont investis d'une valeur que l'on entendra comme la conception implicite distinctive, ici d'une culture à un moment donné de son histoire, marqué du coin du désir, régissant la sélection des possibles de l'action, du faire ou ne pas faire, comme de l'imaginaire dans la production de ses représentations. L'aigle doré est toujours en compagnie de la longue corne, objet partiel s'il en est, tout autant que métonymique, mais aussi combien significatif, auquel Evans fut attentif (Evans1909, 106) sans doute pour avoir mis jour de telles cornes dans la «Salle du trône» du palais de Knossos (Nobis 1997, 17) et pas moins le large frontal d'où elle se développaient dans leurs impressionnantes excroissances, enfouies là dans cette «maison des taureaux sacrés». Qu'on le veuille ou non l'environnement va s'en trouver daté, là où on ne l'attendait pas, mettant ainsi un terme aux fluctuations chronologiques de L. Godart (Godart 1994, 143) ; et la longue corne n'est pas le seule signe naturel ici en jeu. L'onde marine d'une manière insolite et inattendue, on le verra plus loin y contribue aussi avec quelque importance. L'environnement naturel représente donc dans le Disque bien plus que le cadre, la scène où se jouerait quelque exploit militaire, au point que l'on pourrait en circonscrivant le biais anthropocentrique, de facto imposé par «l'appareillage guerrier», lui conférer la première place dans les catégories qui organisent cette *narrative pictographique*, et ce puisque représentant plus du tiers des 242 pictogrammes jusques et y compris dans sa valorisation symbolique à l'œuvre en B16. Signes de la nature ils se construisent en opposition à ceux parfois groupés de séquences homogènes représentant armes et outils comme il advient en B6 et B14 dans leur rapport à B16 ou encore A4 rapportée à A24, mais non moins dans une séquence extrêmement courte qui associe étrangement et contradictoirement un crocus et un arc A13 et en B18 où deux signe référés au monde naturel se confrontent à deux autres signes référables aux rapports agonistiques. Reste que ce que l'analyse construit comme opposition ne l'était sans doute pas des rapports nature-humains dans le monde Minoen de la toute première période du bronze. C'est là la marque de l'analyse structurale, de l'anthropologie sociale fondée par C. Levi Strauss qui emprunte sa méthode à la linguistique telle qu'inaugurée par de Saussure et continuée dans sa refondation par R. Jakobson (Jakobson 1963) que de porter l'attention à ce fait: que les structures d'ordre sont comme celles de la langue: inconscientes, requérant dans leur mise jour les services ingénieux d'une analyse détaillée et donc complexe.

Une analyse de cet ordre ne survole jamais son matériel, signes ou relations de parenté, lui accordant au contraire l'attention la plus minutieuse, si ethnographique du détail, du fait banal, peu visible par lui même et qui replacé dans le contexte d'une logique, d'un réarrangement construit lui donnera tout son sens. Arthur Evans était bien sur cette voie en indiquant ainsi «that these individual signs-groups ought not to be rigourously interpreted as representing simple words, but rather in many cases as concepts of somewhat wider extension» (Evans 1921, 659) inscrivant cette considération méthodologique d'importance au compte «de la méthode pictographique» soulignant qu'avec le Disque «On traite d'un *système* où la relative importance des caractères idéographiques frappe l'œil» (Evans 1921, 659). Et c'est bien une «connexion» un modèle interprétatif qu'il va construire à partir de la récurrence d'un nombre de signes, de «sujets alliés» comme le sont la coiffe plumée et le bouclier rond. La connexion établie par Evans se structure de la mise en rapport des entités suivantes: le guerrier, le captif, la figure humaine à la marche pressée, le navire dont la proue (poupe) serait pourvue d'une flèche, du signe flèche lui même, du poisson «possédant une évidente signification marine». L'ensemble de ces pictogrammes liés ou analytiquement reliés sont déclarés former «un petit groupe, mais homogène, de pictographes, représentant un quart du nombre des hiéroglyphes séparés» (Evans 1921, 659). Le repérage proprement archéologique de l'analyse externe a identifié au moyen de la similitude la coiffe, le bouclier comme d'origine Philistine. L'évènement militaire de la face A est alors un raid maritime étranger au monde Minoen dont la face B chanterait la victoire en l'honneur de la divinité féminine, indicée par le truchement de son tenant lieu métonymique: le pictogramme 7 : un sein. La récurrence des «groupes de signes» A14, A16, A17 serait indicative de «refrains».

Erronée sans doute, cette interprétation construite à partir du réseau s'articulant d'un ensemble de signes ne mérite cependant pas le silence ou l'ignorance dédaigneuse dont elle a été entourée. Evans a couru le *risque de l'intelligibilité,* ce que, devant la difficulté, ses successeurs n'ont pas *osé* faire se contentant d'un inventaire incomplet *atomique* des signes, items naturels laissés pour compte, absence de catégorisation comme d'analyse de la composition des séquences. Son analyse du Disque de Phaistos ne laisse aucune de ces dimensions de côté, si ce n'est qu'elle ne les suit pas jusqu'où il serait possible. Ce qu'il appelle la *méthode pictographique* est restée en chantier, souvent parasitée par un retour intempestif des notions telles que lettre, mot, phrase, en somme au texte à l'écrit. Si la linguistique était à peine née, il y avait au moins, en langue anglaise, les solides et novatrices analyses de Ch. S. Pierce sur l'icône comme signe défini par sa relation de ressemblance avec la réalité du monde extérieur, opposé l'indice comme au symbole, réintroduisant dans la construction triangulaire de son interprétation le rôle du référent et beaucoup plus encore l'idée clairement exprimée selon laquelle la fonction d'*interprétan*t peut être remplie par un autre signe, ou un ensemble de signes donnés concurremment á ce denier et peuvent dès lors lui être substitués, car plus développés. (Jakobson 1963, 40-41, Eco 1980, 84-89). Evans ne fut pas moins attentif à la contiguïté de ces signes, à leurs associations insolites ou non: le crocus et l'arc, la jambe de boviné et la figure à la marche pressée semblable au pas d'oie écrit il en 1909, ou encore à celle de la tiare pointue et de la tête de bélier. Celle du poisson et de la colonne n'est jamais mentionnée et pour cause, ayant été identifiée à une masse. Le tout dès lors devient abscond. Evans est en quelque sorte aller trop vite en besogne sautant allègrement par dessus les séquences, les entourages de signes qu'il extrait pour son interprétation sans trop d'égards à leur enchâssement. Ces pictogrammes ne sont pas tous des idéogrammes «libres» de se lier, là où bon leur semble comme le signe 22, sans être pris. Le regroupement qu'il opère est au bout du compte arbitraire, résultant de l'erreur d'identification du navire trop vite mis en relation avec la proéminence de la figure du guerrier et de ses armes. Reste l'apparence martiale de la face A : elle indéniable, pour ne pas signifier pour autant une incursion militaire étrangère, victorieuse. Nous suggérerons ici qu'il s'agit plus tôt d'une opération de contrôle des activités de «sujets» se déroulant sur un territoire déterminé. C'est ce que montre les séquences nombreuses sur la face A où s'immisce le guerrier, surveillant par ailleurs une main d'œuvre captive A5, et sans doute A8 celles d'une femme artisan. En creux le Disque révèle une société hiérarchisée, différenciée en regard des âges de la vie, du genre, du statut social: le guerrier, le garde, le prêtre, ces deux derniers métonymiquement représentés par le casque et la tiare. Cette différenciation apparaît encore dans les outils renvoyant aux métiers de la pelleterie, de la taille de la pierre, de la charpenterie, navale ou non, du commerce à longue distance. Ce n'est pas une embarcation de pêcheur qui est représentée ainsi qu' à Théra sur la fresque miniature sud (Wachsmann 1998, 97, fig. 6.24) mais bien un navire. La pêche pourrait bien, elle pointer son existence dans la séquence A5, jointe à la garde des troupeaux s'inscrivant ainsi, au registre des activités, les erga d'Hésiode, accomplies par une main d'oeuvre forcée. La porte de l'interprétation entre baillée à de nombreuses reprises vient de s'ouvrir. Passons en le seuil symbolique comme l'un des 4 représentés au début de la séquence A1. Au risque de se perdre courons ce risque de l'herméneutique raisonnée par ce que antérieurement sagement arraisonnée.

V. De L'analyse des atomes de signification à celle des groupements de signes : lecture interprétative de quelques séquences

Que l'on puisse *entendre* le sens en se passant du détour par les mots comme les phrases ne vaut autant que l'on reconnaît la validité de la méthode pictographique sous tenue du balisage de la latitude sémantique. L'échappée est toujours possible tant la signification potentielle n'est pas de l'ordre des injonctions à faire ou ne pas faire contenues dans les signes idéogrammes du code de la route, ou de ceux si nombreux d'un computer personnel «high tech» qui cependant n'ont pu que requérir les services d'une science des signes, du codage de représentations supposées partagées. La récurrence, l'entourage du signe, l'ancrage, la place ou la *valeur positionnelle* et non moins la fréquence sont autant d'instruments tels le maillage d'un filet permettant la capture, pour autant que l'on sache le caler et que le poisson soit là. Utilisée aux fins de «capture» de la vérité dans le Sophiste, la pêche, vient métaphoriquement offrir au moyen de sa diversité technique l'image la plus complète de l'art de prendre, susceptible de l'approche par dichotomies successives. Elle peut, au titre des arts de la capture, être transférée à la recherche de la signification y ajoutant la réflexion «linguistique» de Platon non moins pertinente dans le Cratyle.

«Tu vois mon ami qu'il faut donc chercher un autre *genre de justesse* pour l'image et pour le nom, dont nous parlions tout à l'heure, et ne pas vouloir à toute force que l'image cesse d'en être une si l'on ôte ou si l'on ajoute quelques détails. Ne sens tu pas combien il s'en faut que les images renferment les mêmes éléments que les originaux qu'elles imitent» (432c). Ces «images comme des tableaux» (431c) sont en premier lieu celles de ces «noms primitifs» (idéogrammes ?) dont le genre de justesse est avant tout de l'ordre de *l'imitation* qui n'a cependant pas besoin de tout montrer pour être significative (la tête de chat, de bélier, la longue corne, la tiare), mais n'en est pas moins encombrante dans le fait de devoir toujours se multiplier pour épuiser la diversité ouverte de l'existant. Combien de signes – images faut il pour signifier : offerte d'un poisson à la divinité-nature, étant assuré que les entités constituantes, signes-images sont ancrées solidement à leurs référents respectifs ? C'est là le double problème comme on l'a vu, de l'adjonction de pictogrammes qui viennent préciser le sens de ceux déjà présentés et celui de leur degré de «fiabilité», donnant corps à la visée intentionnelle, à l'idée, qui pour autant ne préexiste pas à ces signes dans quelque arrière monde.

Fourogatos, lui, n'a que faire de ces considérations. Dans l'espace symbolique de la spirale comme dans la réalité il erre le long de cette berge, toujours à l'affut, en compagnie parfois de divine abeille : «Tien, voilà la colonne : allons la voir», miaule t- il ! Et si l'irruption de cette façon de dire enchantait les enfants ? Y avez vous pensé, vous aussi messieurs les «maîtres du monde» contempteurs et compteurs de débits, de dettes à repayer qui font si mal à ceux qui n'en peuvent mais, jusqu'à se suicider au nombre tragique de 10000 «individus». Il est vrai qu'à excepter la santé financière, et celles de vos tristes personnes, peu vous importe au fond du peuple grec comme de cette terre Grèce où s'inventèrent l'art de construire, la géométrie, les nombres irrationnels, la démocratie, l'art de gouverner d'un Solon, la philosophie, la politique, la tragédie, la comédie, les soins du corps, et tant d'autres bonnes choses qui en firent le «miracle grec» quand au Nord d'autres pataugeaient pour longtemps encore dans la barbarie, la ré inventant il y si peu encore et qui pour être vaincue exigea le sacrifice de plus de 70 millions d'êtres humains. Semeiotikòs, une fois de plus, pour se soustraire un temps aux effets induits du chaos, de la régression, des décompositions sociétales, de la violence polymorphe et pas moins au retour en force de la barbarie religieuse en maints endroits du monde déflagrant en celle islamique sans frontière de massacres sanglants, d'un saut magique comme pour s'abstraire, serait ce illusoirement, entra encore une fois de vive joie dans la spirale pour rejoindre fourogatos et abeille... C'est que quelque part ils défient aussi l'horreur de l'Histoire et ce très tôt dans le temps, tel un certain «Petit Prince», pourvus de la même endurante et feinte naïveté.

A une figuration près, d'emblée métonymique: l'arrière train d'un bovidé devenu comme mythique, le pictogramme 40 de la séquence A2 où se combinent les registres du construit, de la nature «domestiquée» et sur un mode elliptique du martial, c'est bien Fourogatos qui ouvre le jeu des groupes de signes se référant aux entités naturelles opposées à celles construites ou produites au moyen du faire humain, outils et armes. Chat sauvage en première position qu'il gardera dans les séquences de la face A comme quasiment toutes celles de B se déplace le long de la berge d'une rivière où de l'autre côté se tiennent des gardes. Il continue en nombre, soulignant ainsi son importance comme au moyen de celle de la compagnie de divine abeille. La nature sauvage et apprivoisée des humains-absents dessine le topos d'une existence pleine dotée d'une plus value symbolique non encore complètement avérée. La «pose naturaliste» est de courte durée. Tête emplumée fait déjà retour pour exercer sa vigilance musclée sur ceux entravés en charge des travaux de la terre comme de la mer auxquels viennent s'adjoindre ceux des peaux, effectués sur les bords d'une rivière bien gardée.

V. De L'analyse des atomes de signification à celle des groupements de signes 47

De la peau au gant semble indiquer la séquence A7, à ceci près qu'il faudrait être assuré que le signe 44 représente un outil de travail du cuir ou ce qui lui est matériellement associé de découpe, la séparation de la chair de la peau. Si tel est le cas, comme nous le pensons, la fabrication de gants pour les pugilats, mais non moins utiles dans l'usage d'une massue cloutée est du même ordre que la séquence A27 où c'est du travail de menuiserie d'une colonne en bois de platane dont il est question. Instrumentalité-matérialité encore, elle se lie cette fois, curieusement, à un sujet féminin associé à un angle de charpentier A8, pour réapparaitre comme explicitée en A24 tenant la fonction au sens Piercien d'«interprétant». Si en A8 tête plumée exerce le contrôle sur les activités de cette femme, en A24, elle est maitre de son ouvrage: travail du cuir et de la menuiserie. Reste que, il y a ici comme une anomalie; d'une femme on attend un travail de la laine, cardage, tissage teinture. Or ce n'est pas cela qui est présenté, mais la menuiserie et plus elliptiquement le découpage du cuir, signe 17. Dans le monde Phénicien, c'est Astarte qui préside à tous les travaux artisanaux, particulièrement ceux de la teinturerie au moyen de la pourpre, comme de la métallurgie, quasiment toujours localisés non loin du tophet (Collet 1995, 130, pl. 5). En clair ce sujet féminin n'est pas un quelconque individu féminin, serait ce une femme artisan exerçant de nobles travaux, comme nous le verrons ensuite. La séquence A9 interrompt la série des travaux et revient comme A4 à la naturalité.

Trois signes s'enchaînent, 31, 26, et 36 dont nous avons d'une manière détaillée mis en évidences les significations respectives avançant sur le chemin de leur interprétation. Où de telles entités naturelles peuvent elle être *connectée*s de cette façon, dessinant un paysage ? Deborah Ruscillo (2005, 780) se référant à Nobis écrit «large sized bulls (dont les os ont étés trouvés lors de fouilles de Phaitos comme de Hagia Triada) suggest that the Aurochs, a wild cattle, was once part of the cretan landscape». Indubitablement ces Aurochs trouvaient des conditions idoines de vie dans de larges prairies humides où poussaient des Platanes comme des Peupliers (Watrous 1993, 209) comme au jour d'hui encore dans la partie est de la plaine de Messara, ainsi à Plàtanos qui tire son nom de cette particularité écologique. Ajoutons l'oiseau de proie, aigle ou vautour. Bien que décimés par une agriculture intensive chimicalisée et empoisonnement volontaires, ils survolent encore au jour d'hui, comme il y a 4000 ans les mêmes lieux, particulièrement au printemps. Evans, qui devait les avoir observé durant ses visites à Phaistos en fait rapidement mention en 1921. La séquence A9 se lit donc ainsi : un aigle tenant un serpent dans ses serres survole un troupeau d'Aurochs paissant dans une prairie où poussent des platanes. Le survol de troupeaux d'Aurochs dans la vallée de Phaistos est un évènement naturel qui fera retour pas moins de quatre fois. Pourquoi Phaistos, non seulement parce que le Disque en provient, mais aussi parce que certains signes tels que la rosette, le visage fin de ce garde-archer dont la joue droite est tatouée d'un «8-bouclier» – à coup sur Minoen – comme le signe architectural 21 viennent tous présentifier à leur manière un palais exerçant le contrôle sur l'économie de son territoire. La séquence A12 où le guerrier à la tête emplumée est suivi d'une colombe, d'une colonne et d'une rosette vient rappeler que ces trois derniers signes sont aussi des realia symboliques à Knossos, objet de rituels. A12 s'interprète donc ainsi: un jeune guerrier surveille la colonne sacrée à la colombe. Dans les séquences répétées A16, A19, A22 et par élision A25 il est là dans cette plaine où paissent des Aurochs que survole l'aigle doré. En A14 récurrente en A20 il assiste á l'embarquement de peaux à bord d'un navire amarré en un lieu – portuaire loù se tient une colonne en bois. La hampe de la flèche entre le navire et la colonne se rapporte tl elle au navire ou au guerrier ? Les séquences B4, B12, B22, répétée en B29 associent le navire et la peau comme le navire et la colonne, sans que la hampe de la flèche ne soit jamais présente indiquant ainsi la singularité dans la séquence A14 d'un navire transportant aussi un corps d'archers.

Nous conclurons ici l'analyse partielle des séquences de la face A par celle non mentionnée tant par Evans que Pernier et Della Seta, très courte A18: un poisson devant une colonne de bois au chapiteau carré. Ce poisson, nous l'avons vu, est avec une grande probabilité le requin bleu : Isorus Oxyrinchus. Présence inouïe avons nous dit plus haut dans l'analyse des signes, mais qui à se référer une fois encore aux fouilles de Knossos vient trouver un pendant archéologique exceptionnel. Eleni Hatzaki dans le réexamen du contenu des cistes mis á jour par Evans dans l'aile ouest du palais de Knossos (Hatzaki 2009, 18-30), comme de la stratification de leurs remarquables dépôts établie d'abord par D. Mackenzie, souligne que parmi le matériel du troisième niveau de la ciste est et se rapportant à la faune marine incluant de nombreux coquillages peints ou non ou en céramique et les vertèbres de diverses sortes de poissons, il y avait aussi des exemplaires de taille plus importante. «The largest of the vertebrae has been identified as shark-a rare find in Bronze Age contexts, and an indication of fishing in the open sea» (Hatzakis 2009, 23).

Sous les paraphernalia incluant les robes Minoennes en céramique, de l'une des deux très célèbres statuettes de déesses dites aux petits et grands serpents, les témoignages de la faune marine *rares* ou non viennent attester de la centralité des valeurs attribuées aux entités du monde marin, à la mer elle même dans la culture Minoenne à l'âge du bronze Minoen Moyen III, inaugurant ainsi le chapitre dans l'histoire humaine de ce que nous avons appelé «the values at sea» (Collet 2007, 5-7, 35-68). Ce sont *6340 coquillages* qui ont fait l'objet d'une déposition volontaire individuelle, dès lors fortement ritualisée témoignant tout également d'un investissement en temps dans ceux décorés de couleur vives, comme d'une participation remarquable de la communauté dont a pu être évalué le fait qu'elle représentait quasiment le nombre d'individus, 6206, remplissant la place du palais de Knossos (Shaw et Lowe 2002, cités par Hatzakis 2009, 27). On ne peut plus douter de l'importance symbolique de rituels mettant en jeu la mer comme aucune autre culture méditerranéenne ne l'a fait. La courte séquence établit aussi cela en présentifiant de façon remarquable le don de poisson aux dieux (Collet, séquence fimique extraite de «Voices of the Sea» 2009, in 2013 presentation/ssfsymposium.org) ce qui bien sur n'interdit pas de penser que ce requin ait pu être consommé lors d'un repas cérémoniel. Il se substitue à la colombe devant la colonne de la séquence A12, et se retrouvera en position terminale dans la séquence B16 qui fait écho mais en opposition paradigmatique à celles de A18 et de A12. La présence de cette séquence A12 sur la face A que nous avons lié à Phaistos atteste comme la partie finale de A5 que le requin bleu était bien connu, invitant à revisiter comme le fait Eleni Hatzakis les témoignages ostéo-archéologiques, et autres entités marines comme les coquillages et galets qui s'y trouvaient aussi (Branigan1970, appendix 2) du tholos A de Hagia Triada. Pour mémoire on rappellera ici que dans les premières fouilles à partir 1904, publiées par Louisa Banti en 1933, furent trouvées des amulettes représentant des poissons (Branigan1970, 68) et semble t-il des agrès de pêche. Le requin bleu fera retour sur la face B, celle ci s'ouvrant par le rappel en B1 de la tête emplumée et du bouclier rond à 7 bosses comme si la narrative pictographique fortement «martiale» de la face A se continuait, mais sous une forme moins «offensive», pour laisser place au signe, 7 représentant un casque évoquant la garde, la surveillance, celle insistant plus surement d'un rivage que d'une berge.

Nous avons noté que les pictogrammes se référant à la «nature» sur la face B étaient plus nombreux et deux fois plus que sur la face A pour ceux se référant aux constructions. Ces deux catégories articulent nombre de séquences, le chardon et la colonne en B3, le navire et la peau en B4, le requin et la «ruche-tholos» en B5, la même ruche, l'arrière train de bovidé et le platane en B10, le chat sauvage et deux ruches en B13, l'abeille et la colonne en B22 répétée en B29, l'arbre et la colonne en B28. La séquence B5 par le retour du requin bleu avec une valeur positionnelle de rang un, associé à la ruche-tholos et au vase dolium suivi par le bouclier à 7 bosses embraye fortement dans le champ de connotations auparavant archéologiquement balisées. Quel type de poisson les amulettes du tholos A de Hagia Triada *matérialisent* elles? Une amulette,de manière tout à fait exceptionnelle représente un requin bleu, ainsi que l'établit la photo 9 de notre présentation imagée des signes du Disque de Phaistos Il se pourrait que, de ces matérialisations de poissons indiçant des objets intensément valorisés ayant appartenus à des pêcheurs incluant aussi une fonction apotropaique, à la figuration du requin, qui plus est associé à une curieuse construction évoquant les tholos et un vase de pierre dolium analogue à celui de la pièce 14 de l'aile ouest de la Villa palatiale de Hagia Triada puisse être établi une forte connexion et par delà elle que l'on ait à faire come dans la séquence A9, à un topos bien déterminé : Hagia Triada, qui à cette époque est encore sur la mer (Fytrolakis 2005,111-123). Les séquences courtes B2, B20, B24 et plus encore B30 qui conclue la face B du Disque montrent avec quelque insistance que les choses se passent près d'un rivage- berge bien gardé. Le navire marchand de la séquence B29 come on l'a vu s'apprête à prendre la mer de ce rivage là, bien sur pas de la plage mais d'un port (Collet 2015, 287). Ce poisson apparaît encore dans les séquences B7, B15 et B16 deux fois derrière un crocus et une fois après le chat sauvage. Son occurrence derrière le crocus ne vaut qu'au titre d'être naturel provenant d'une autre «région» de la nature, du monde marin ainsi que le donne à voir la 37 concaténation des signes- naturels en B16. Il se distingue donc des autres être nécessairement en opposition pour l'artiste Minoen qui l'a configuré, et plus encore dans l'imaginaire culturel qui sous tend cette configuration. Entre le chat sauvage et le garçon à la marche pressée, dont on pourrait dire qu'à l' occasion de cette nouvelle rencontre il expérimente un rapport plus directe avec le monde naturel, le requin vient marquer l' exceptionnalité de cette circonstance comme á un moindre degré le chat sauvage déjà apparu en B13. Fourogatos est en position première dans la séquence B13 se substituant au requin associé à la ruche maintenant dupliquée et suivies du dolium et du platane. Notons qu'avec un allongement de cette séquence par rapport à B5 le platane vient se substituer au bouclier. Elle entretient aussi quelque rapport d' analogie avec la séquence B10, pour autant que l'on accepte de constater que l'arrière train d'un bovidé d'importance fait place à un dolium, l'un consommé dans des repas cérémoniel, l'autre utilisé dans des rituels de libation. Que vient faire ce dolium placé là entre une ruche – tholos et un platane ? Le dolium retiré par jeu analytique laisserait glisser l'interprétation vers la reconnaissance d'un paysage se composant de la présence d'un chat sauvage se mouvant aux abords de ruches au près desquelles croissent des platanes. Et ce paysage pourrait une fois de plus être localisable dans la plaine de Messara. L'artiste dans l'impression de la suite des pictogrammes a placé le signe d'un dolium qui n'est pas ici le coquillage, mais un vase de pierre en forme de dolium utilisé dans les libations, attesté archéologiquement à Hagia Triada.

 Quid d'une possible déposition d'un tel vase dans un tholos semblable à celle des deux vases bi-tubulaires de Plàtanos dont le signe est imprimé en B4 et B9 ? Elle est parfaitement pensable. Les deux constructions sont elles alors des ruches ? Au nombre de deux, elles sont comme les deux tholoi d'Hagia Triada, auquel cas B13 viendrait en quelque sorte compléter B5 précédemment analysée. Fourogatos substituant le requin se déplace dans ce paysage aux fortes connotations funéraires mais où poussent des platanes, eux, symboles de régénérescence, présents en nombre sur les deux faces du Disque.

Continuons de suivre son parcours. Il apparait encore dans 7 séquences 5 fois en première position et comme détrôné en position de vice roi en B21 répétée en B26, elles mêmes constituées come on l'a vu à partir de B18 où associé à l'olivier, il voisine aussi avec les items «agonistiques», casque, gantelet, massue. De B18 á B26 se dégage l'impression d'assister à un jeu de construction-déconstruction de séquences sur la base d'un nombre restreint de paires de pictogrammes récurrents où le signe casque insistant, 11 fois présent dans les séquences de B18 à B30, cherche comme à contenir les déplacements de Fourogatos. De ces quasi face à face du chat sauvage et du garde où chacun s'observe, le félin des lieux boisés, ne paraît pas avoir le dessus, que le sémeiotikos eut secrètement espéré. Ruse ou non il se retire solitaire sur la berge du fleuve que l'on n'hésitera guère à identifier comme le Hieropotamos. La courte séquence B20 seule à être passée intégralement de la face A (A3) à la face B du disque de Phaistos donne corps à cette identification, comme à celle qu'il faille garder stratégiquement un tel territoire qui advient en B2 où fourogatos a été comme prié de dégager, une opération de police en somme se jouant dans l'espace symbolique, ce que l'on entendra comme une police des signes. Elle ne tiendra pas trop longtemps.

Voilà que en sa sauvagerie non domesticable il fait retour en B29 en compagnie de l'abeille, se prenant en quelque sorte une belle revanche. Nature n'entend pas qu'il soit arraisonné. Tout au contraire, elle lui a envoyé divine abeille pour se rendre au lieu, où en la forme d'une colonne de bois au chapiteau carré, équivalent symbolique de piliers non moins sacrés auxquels sont offerts des libations, comme le bétyle qui reçoit, lui, des embrassements (Goodison 2009 a, 51-57 ; Younger 43-49) elle «demande», dans ce renversement imaginaire, d'être cérémoniellement honorée. A qui pourrait douter de la validité d'un tel montage symbolique, qui est aussi un bricolage structural, analytique et sémiotique, il lui faudra expliquer pourquoi trois animaux aussi distincts qu'un requin, une abeille, un chat sauvage se trouvent associés à une construction en bois montant vers le ciel et qui précédée d'un chardon aux multiples vertus médicinales protège aussi un enfant (B3). Tel est bien le mode de bricoler, de façonner la réalité de l'imaginaire Minoen de cette époque. Juste derrière cette colonne, non pas un arbre comme il advient dans nombres de ces scènes rituelles «extatiques» ou non gravées sur le chaton d'anneaux d'or, mais un navire en partance, il n'est pas chargé de peaux comme en B22. La séquence B29 où le chat sauvage substitue la peau installée en première positon en B22, vient souligner, autrement que par le jeu d'une substitution anodine l'importance de cette partance, d'une mise à distance du monde terrestre, de la terre de Crète, comme de ses entités naturelles valorisées et qui paraissent recommander à ceux absents qui partent de ne pas larguer leurs attaches symboliques. Une telle scène de partance a du se jouer bien des fois, à Knossos, à Hagia Triada comme à Zakros (Goodison 2009 a, 54, fig. j) ainsi que la représente un anneau d'or provenant de Crète, sans localisation plus précise, faisant partie des collections de l'Ashmolean Museum à Oxford et indicé du numéro 1938.1127, à cette différence majeur près que dans la séquence B29 les «personnages» restés à terre près de la colonne sont des animaux et non des êtres humains. Ceux ci n'apparaissent pas dans la séquence B16 où il n'est avant tout question que de la nature dans la diversité de ses entités : un platane, une colombe, un crocus, un requin, le tout précédé de cette minoenne qui a été identifiée comme individu féminin lié à des formes d'artisanat ou comme les président: séquences A8 et A24. La séquence B16 se construit en une opposition complémentaire. Ce ne sont plus des outils mais des êtres naturels qui entrent en jeu. A considérer le signe le plus proche du signe féminin, l'angle de charpentier est à ce dernier dans la séquence A8 ce que le platane lui est dans la séquence B16, mais avec ce plus qu'il s'agit d'un platane figurant dans des scènes de culte, ce qui ne se produit jamais avec l'angle de charpentier. Excepté le requin, platane, colombe et crocus sont comme nous l'avons noté à plusieurs reprises des items hautement symboliques entrant dans les pratiques cultuelles des périodes Minoen Moyen III-Minoen Tardif I. Cela en dit long sur la figuration de cette «Minoenne» aux traits «difformes» comme quoi la déité peut bien prendre des chemins imaginaires qui ne sont pas toujours marqué du coin de la beauté, du vêtement d'apparat. Nature- déité donc, ceci nous paraît peu contestable.

Evans avait noté que cette figuration signifiante était associée à l'arbre comme dans de nombreux anneaux précieux qu'il connaissait fort bien, mais l'arbre pour lui était un arbre à fruits. Une remarque encore sur cette séquence, ni le chat sauvage ni l'abeille n'y figurent s'étant come répartis les rôles; mais réciproquement la colonne apparue liée à la colombe en A12 ne figure pas en B16, comme si le platane et la colonne avaient échangé leur fonction symboliquement équivalentes. De fait le personnage féminin, le platane et la colonne de bois au chapiteau carré se retrouvent cette fois réunis dans la séquence B28 mais encadrés du guerrier à la coiffe emplumée en première position et du garde en dernière comme relégué dans sa subalternité en regard du militaire comme du sacré, mais qui viendra clore le ruban narratif visuel de la face B. C'est le signe artistique de la rosette qui clôt, lui, la face A.

VI. Engouement- enjouement pour une spirale de signes

Nous avons tout au cours de cette partie finale de l'analyse pris le risque de l'intelligere, de l'inter-leggere, tâche longue et intense qui a duré quelques quatre mois, pourvu dans ce voyage sur la route des signes come on le dit de la route du rhum, de notre équipement mental»structuraliste», datant de ces florissantes, riches mais si lointaines années 70 du siècle précédent. Bonheur que celui d'aller écouter au 6 rue de Tournon (à Paris, bien sûr) R. Barthes, en d'autres lieux, les têtes si savantes de cette école dite structuraliste qui irriguait aussi en abondance la pensée sur le monde grec. Le petit détour d'un nouvel apprentissage plus tardif, tel celui du garçon à la marche pressée, nous portait alors rue Monsieur le Prince pour y aller écouter J. P. Vernant, N. Loraux qui un jour fut surprise de notre analyse de la figure de la «chiennerie féminine» représentée paradigmatiquement dans de multiples figurations toutes aussi misogynes que mythiques de Skylla, l'ichtio-anthropophage, à la voix de jeune chien. Ce n'est pas là nostalgie, mais la marque d'une des étapes affectives, cognitives telles celles d'évènements réels ou mythiques que tout à chacun peut inscrire ou reconnaître dans la spirale de sa vie., sans parler de tous ceux graves ou tragiques qui peuvent l'abimer. Nous ne savions pas que la découverte de 4 signes nous entrainerait aussi loin dans un retour à ce qui imprégna durablement notre formation intellectuelle. Comment rendre intelligible ce qui nous a d'abord *tiré l'œil*, apparu intriguant et plus avant comme un écheveau de signes insolites, si ce n'est abscons ? La signification présente dans une combinatoire perceptible échappait et continue de le faire, mais seulement en partie, bien que spécialement requise dans l'interprétation globale de cet objet sémiotique qu'il conviendrait *maintenant de proposer.*

Evans ne s'est «planté» qu'avec cette partie de l'interprétation où il voit un chant de victoire en l'honneur d'une super-madonna: maa ou son équivalent Crétois the «great goddess». Si d'elle il est question comme Potnè Theron particulièrement dans la face B du Disque de Phaistos, c'est de manière «régionale». Chat sauvage n'est pas le substitut de la déesse égyptienne à la tête de chat! Que l'encombrement hiéroglyphique mortifère, dans sa soif mégalomaniaque de trainer dans l'au delà l'entier du monde vivant se tienne à distance; la culture Minoenne colorée, joyeuse vivante et changeante comme la mer, n'a pas besoin de cette contamination là. A défaut d'intelligibilité globale, faute de l'entre voir en ses deux faces, nous avons pas à pas exploré les arcanes de sens de nombre de séquences, laissant en plan certaines d'entre elles; nous en avions prévenu. Ce qui est à notre avis incontournable est la place de l'évocation des pratiques rituelles dans la face B du Disque, le rôle qu'y jouent les entités naturelles. Pour autant elles ne se rangent pas toutes à l'ordre du sacré qui emplit la séquence B16. Fourogatos dans son indépendance le dit assez, avec ou sans divine abeille. La marque de notre partialité se lit ici dans cette empathie, cette inclination presque «amoureuse» pour certaines séquences comme certaines entités qui ont» tilté» tout autant que certaines photographies pour Roland Barthes (Barthes 1980, 38, 54, 179). Nous avons joué sagement avec elles, leur donnant aussi une voix, les réveillant d'un silence de triste pyramide, ou celui de trop sérieux catalogues-nomenclatures les enfermèrent également assez récemment, oubliant qu'elles pussent avoir aussi la portée d'un jeu et pas seulement pour enfants de différents âges. Jeux de signes articulant une prodigieuse combinatoire dont l'un des effets, non des moindres peut avoir aussi une valence thérapeutique par l'enjouement qu'il provoque, tel est en sa complète et inouïe singularité d'objet archéologique et sémiotique de premier ordre: le Disque de Phaistos. C'est joué, les enfants pourraient bientôt s'amuser passionnément de cet art combinatoire découvrant aussi, sans qu'il y est là trop à insister, que ce magnifique objet archéologique date, et nous en serons d'accord en ce point avec Duhoux (Duhoux 2000, 597), du tout début de l'âge du premier Palais de Phaistos: MMIB, ajoutant contre A. Evans mais de plein pied avec L. Pernier (Pernier 1909, 299) que ce ruban de signes enroulés en spirale fut inventé là, en ce haut lieu de la plaine de Messara: la Minoenne et non moins Homérique Phaistos.

Serge Collet, juin 2015
SERGE COLLET : www. sergecollet.de

Bibliographie

Althusser, Balibar, MacHerey 1965 = L. Althusser, E. Balibar, P. MacHerey, *Lire Le Capital*, tome 2. Maspero. Paris 1965.
Benveniste 1966 = E. Benveniste, *Problèmes de Linguistique Générale*. NRF Gallimard. Paris 1966.
Barthes 1964 = R. Barthes, Rhétorique de l'Image, in *Communications* 4, 1964, pp. 40-51.
Barthes 1967 = R. Barthes, *Système de la Mode*. Seuil. Paris 1967.
Barthes 1980 = R. Barthes, *La Chambre Claire*. Cahiers du cinéma Gallimard Seuil. Paris 1980.
Branigan 1970 = K. Branigan, *The Tombs of Mesara. A Study of Funerary Architecture and Ritual in Southern Crete, 2800-1700 B.C.* Gerald Duckworth. Bristol 1970.
Coleman 1985 = J. E. Coleman, «Frying Pans» of the Early Bonze Age in Aegean. *American Journal of Archaeology* 89, 1985, pp. 191-219.
Collet 2014 = S. Collet, Minoan, Canaannite, Phoenician Cultures on the Shores of the West Nile Delta, in *Creta Antica* 15, 2014, pp. 285-326.
Collet, Failler, Sall = S. Collet, P. Fallier, A. Sall, Human Marine Nature Interactions. What Kind of Valuing? Towards an Integrative Modelling Approach, in P. Lopes and A. Begossi eds, *Current Trends in Human Ecology*, pp. 226-249. Cambridge Scholars Publishing. Newcastle upon Tyne, 2009.
Collet 2007 = S. Collet, Pursuing the True Value of People and the Sea, in S. Collet ed., *Pursuing the True Value of the People and the Sea. Res Halieutica : une ré-évaluation.* Social Science Information, Special Issue, 46, 1, 2007, pp. 5-8.
Collet 2007 = S. Collet, Values at Sea, Values of the Sea : Mapping Issues and Divides, in S. Collet ed., *Pursuing the True Value of the People and the Sea. Res Halieutica : une ré-évaluation.* Social Science Information, Special Issue, 46, 1, 2007, pp. 35-66.
Collet 1995 = S. Collet, Halieutica Phoenicia I. Contribution à l'Etude de la Place des Activités Halieutiques dans la Culture Phénicienne : Point de vue d'un Non Archéologue, in *Social Science Information*, 34, 1, 1995, pp. 107-173.
Collet 1993 = S. Collet, *Uomini e Pesce. La Caccia al Pesce Spada tra Scilla e Cariddi.* Universitates Saggi. G. Maimone Editore. Catania 1993.
Collet 1982 = S. Collet, La Manifestation de Rue comme Production Culturelle Militante, in *Ethnologie Francaise*, XII, 2, 1982, pp. 167-176.
Duhoux 2000 = Y. Duhoux, How Not to Decipher the Phaistos Disc: a Review,

in *American Journal of Archaeology*, 104, 2000, pp. 597-599.

Della Seta 1909 = A. Della Seta, Il Disco di Phaestos, *Rendiconti della Reale Accademia dei Lincei seduta di maggio*, 18, 1909, pp. 297-367.

Eco 1970 = U. Eco, Sémiologie des Messages visuels, in *Communications*, 15, 1970, pp. 11-51.

Eco 1980 = U. Eco, Peirce et la Sémantique Contemporaine, in *Langage*, 58, 1980, pp. 75-91.

Evans 1909 = Sir A. Evans, *Scripta Minoa*. Clarendon Press. Oxford 1909.

Evans 1921-1935 = Sir A. Evans, *The Palace of Minos at Knossos*, volumes I-IV, Macmillan, London 1921-1935.

Evans 1924 = Sir A. Evans, Preface, in S. Xanthoudides, *The Vaulted Tombs of Mesarà*, pp. v-xiii. University Press of Liverpool. Hodder & Stoughton Ltd. London 1924.

Foucault 1966 = M. Foucault, *Les Mots et les Choses*. NRF Gallimard. Paris 1966.

Freud 1967 = S. Freud, *L'Interprétation des Rêves*. Presse Universitaires de France. Paris 1967.

Fytrolakis 2005 = N. Fytrolakis, Initial Geoarchaeological Investigations on the Holocene Coastal Configuration near Phaistos and Agia Triada (Mesara Plain, central Crete, Greece) in *Zeitshrift für Geomorphologie*, Supplement, Volume 137, 2005, pp. 111-123.

Godart 1993 = L. Godart, *Il Disco di Festos. Certezze ed Enigmi di una Grande Scoperta* in Archeologia Viva. Giunti Editore. Firenze 1993.

Godart 1994 = L. Godart, *Il Disco di Festo. L'Enigma di una Scrittura*. Storia dell'Arte Einaudi. Roma 1994.

Goodison 2009 = L. Goodison, Why All This About Oak or Stone? Trees and Boulders in Minon Religion, in A. L. D'Agata and A. Van de Moortel eds. *Archaeologies of Cult. Essays on Ritual and Cult in Crete in Honor of Geraldine C. Gesell*. Hesperia supplement, 42, 2009, pp. 51-57.

Goodison 2009 = L. Goodison, Gender, Body, and the Minoans in Aegeum 30, in K. Kopaka ed, FYLO *Contemporary and Prehistoric Perception, Engendering Prehistoric «Stratigraphies» in the Aegean and the Mediterranean*, 2009, pp. 230-242.

Goodison, Morris 1998 = L. Goodison, C. Morris, Beyond the «Great Mother» – The Sacred World of the Minoans, in L. Goodison and C. Morris eds., *Ancient Goddesses*, The British Museum Press, London, 1998 pp.113-132.

Goody 1986 = J. Goody, *La Logique de l'Ecriture, Aux Origines de la Société Humaine*. Armand Colin. Paris 1986.

Greimas 1966 = A. Greimas, *Sémantique Structurale*. Larousse. Paris 1966.

Greimas, Courtes 1979 = A. Greimas, J. Courtes, *Sémiotique. Dictionnaire Raisonné de la Théorie du Langage*. Hachette Université. Paris 1979.

Hatzaki 2009 = E. Hatzaki, Structured Deposition as Ritual Action at Knossos, in L. D'Agata and A. Van de Moortel eds., *Archaeologies of Cult. Essays on Ritual and Cult in Crete in Honor of Geraldine C. Gesell.* Hesperia Supplement 42, 2009, pp. 191-230.

Hood, De Jong 1952 = S. F. Hood, P. De Jong, Late Minoan Warrior-Graves from Ayios Ioannis and the New Hospital Site at Knossos in *Annuary of the British School of Athens*, 47, 1952, pp. 245-260.

Jakobson 1967 = R. Jakobson, *Essais de Linguistique Générale.* Les Editions de Minuit. Paris 1967.

Lacan 1966 = J. Lacan, *Ecrits I et II.* Editions du Seuil. Paris 1966.

Lacan 1966 = J. Lacan, L'instance de la lettre dans l'inconscient ou la raison depuis Freud in J. Lacan *Ecrits I*, pp. 249-289. Edition du Seuil 1966. Paris.

Levi 1925-1926 = D. Levi, Le Cretule di Haghia Triada. *Annuario della Scuola di Atene*, 8-9, 1925-1926, pp. 71-201

Levi 1961-1962 = D. Levi, La Tomba a Tholos di Kamilari presso Festòs. *Annuario della Scuola di Atene*, 39-40, 1961-62, pp. 7-40.

Levi 1976 = D. Levi, *Festòs e la Civilta Minoica*, quatro volumi. Roma 1976.

Levi Strauss 1960 = C. Levi Strauss, Le Champ de l'Anthropologie in Anthropologie Structurale II, Leçon inaugurale de la Chaire d'Anthropologie Sociale faite au Collège de France le mardi 5 janvier 1960. *Anthropologie Structurale II*, 1973, pp. 12-44. Plon. Paris.

Militello 1998 = P. Militello, *Gli Affreschi di Haghia Triada*, Padova 1998.

Nilson 1927 = M. Nilson, *The Minoan Mycenaean Religion and its Survival in Greek Religion,* Lund 1927.

Nobis 1990 = G. Nobis, Der Minotaurus von Knossos auf Kreta im Lichte Moderner Archaeologischen Forschungen, in, *Tier und Museum*, 2, 1, 1990, pp. 15-19.

Olivier = J.-P. Olivier, Le Disque de Phaistos, Edition Photographique. *Bulletin de Correspondance Héllénique,* 99, 1975, pp. 5-84.

Olsen 2009 = B. A. Olsen, Was there Unity in Mycenaean Gender Practices? The Women of Pylos and Knossos in the Linear B tablets in Aegeum 30 in K. Kopaka ed, FYLO *Engendering Prehistoric «Stratigraphies» in the Aegean and Mediterranean*, Aegaeum 30, Liège and Austin, 2009, pp. 115-124.

Pernier 1909 = L. Pernier, il Disco di Phaistos, Ausonia. *Rivista della Societa Italiana di Archeologia e Storia del'arte,* 1908, pp. 255-302.

Ruscillo 2005 = D. Ruscillo, Faunal Remains and Murex Dye Prodution, in J. W. Shaw and M. Shaw, *The Monumental Buildings, Kommos V.* University Press of Princeton, 2005, pp. 772-844.

Sakellakaris, Sakellakaris 1997 = E. Sakellakaris, J. A Sakellakaris, *Archanes. Minoan Crete in a New Light*, volumes 1, 2. Ammos Publication. Athens 1997.

Sakoulis 2010 = A. Sakoulis, *Cretan Birds of Prey.* Mystis. Heraklion 2010.

Seager = R. B. Seager, *Explorations in the Island of Mochlos,* American School of Classical Studies at Athens, Boston and New York 1912.

Shaw 2009 = J. Shaw, Minoan Architecture: Materials and Techniques. *Studi di Archeologia Cretese VII.* Bottega D'Erasmo, Padova 2009.

Veròn 1970 = E. Veròn, L'Analogique et le Contigu (note sur les Codes non Digitaux), in *Communications* 15, 1970, pp. 52-69.

Vasilikis 1999 = A. Vasilikis, *Herakleion Archaeological Museum,* Adam Edition. Athens 1999.

Wachsmann 1998 = S. Wachsmann, *Seagoing Ships and Seamanship in the Bronze Age Levant,* Texas A & M University Press, College Station 1998.

Warren 1984 = P. Warren, Of Squills, in *Aux Origines de l'Héllénisme, la Crète et la Grèce.* Publications de la Sorbonne. Paris 1984. pp. 17-24

Warren 1989 = P. Warren, *Minoan Religion as Ritual Action.* Gothenburg University. Göteborg 1989.

Watrous 1987 = L. Watrous, A Survey of The Western Mesara Plain in Crete: Preliminary Report of 1984, 1986, and 1987 Field Seasons in *Hesperia* 62, 2, 1993, pp. 192-247.

Xanthoudides 1924 = S. Xanthoudides, *The Vaulted Tombs of Mesara. An Account of Some Early Cemeteries of Southern Crete.* University Press of Liverpool. Holder & Stoughton Ltd. London 1924.

Younger 2009 = Y. Younger, Tree Tugging and Omphalos Hugging on Minoan Gold Rings, in A. L. D'Agata and A. Van de Moortel eds. *Archaeologies of Cult. Essays on Ritual and Cult in Crete in Honor of Geraldine C. Gesell.* Hesperia Supplement 42, 2009, pp. 43-49.

Abstract

This contribution by the French anthropologist and archaeologist S. Collet, whose active background was in political philosophy and semiotics, is devoted to the semiotical and structural analysis of the most beautiful, unique archaeological and semiotic object belonging to the sea-based Minoan culture: the Disc of Phaistos. It is not a new tentative decipherment of a script, or of the so-called enigmatic signs which would be the ancestors of Linear A characters.

This study is above all an homage to Italian-English Cretan archaeology, especially to L. Pernier, A. Della Seta, and A. Evans, who were the very first in 1909 to analyse this complex archaeological object, thereby inaugurating the *pictograph method*.

This multi-dimensional study does not address a taste for solving enigmas or cryptic codes, nor does it represent a quest to clear up mysterious evidence, but it is interested in reaching an understanding of the imagery and values tied to the sea, to the societies which have dealt with this element of the natural environment across a long span of time. In the course of reading, at the end of 2012, Sir Arthur Evans's great archaeological work *The Palace of Minos at Knossos*, Collet stumbled across a table of 45 pictograms, especially four of them, all referable to the sea. Their incongruous and unwonted relationships, like the objects and ideas in a Magritte painting, and their place in the 'group of signs' and their embedding in the sequences, provided the trigger for a semiotic adventure along the route of the signs, a cognitive voyage to *understand* the underlying principles and generative operations at work in the making process of *combinatorial significance* in the form of a visual spiral-shaped narrative.

Clearly the study makes it clear that in order to understand this complex visual material, it is necessary to start from the network of relationships of each pictogram, first from its co-occurrences and second, of its appearances in diverse 'arrangements'. The analytical inventory, aiming at setting up the field of interpretative possibilities, comes after the recognition of the relationships of the pictograms, which allows in many cases a curtailment of the scope of the meanings and then the exploration of the panel of the possible archaeological or environmental parallels. Tools and references, which belong to French semiotics and to the structuralist school of thinking of the end of the sixties of the last century, are there remembered and activated without any consideration for so-called post-modernist deconstruction. The framing of the multidimensional analysis has drawn equally from the grounding contributions of semioticians like C. Sanders Pierce and others such as E. Veròn, U. Eco, and R. Barthes.

This patient and bold way of navigating the route of the pictograms makes it possible to evade the dangerous crags of an unreasoned hermeneutic, which in its global interpretation of the meaning of the Disc, such as that one proposed by Evans in 1921, jumps over the structuration of the sequences and rushes past certain misunderstood pictograms: the number 7 is, in this regard, a paradigmatic example. Nevertheless, recognizing the merit of Evans to have taken the risk of thinking and proposing an interpretation, which is at least partly valid ('the martial appearance of face A'), this contribution puts to the forefront 'regional ones' related to some essential sequences of the two faces of the Disc, showing that this work of a Semeiotikòs, who 'fell quite in love' with some archaeological-semiotical beings, and as R. Barthes succeeded with photography (1980), can have in its invitation to play with these signs-images a double effect: the lively form of writing and a therapeutical assistance in reinforcing the mind in its struggle to defeat Thanatos-Meduse!

Liste des figures et des tableaux

I Table of the sequences of the Phaistos Disc, side A 63-64

II Table of the sequences of the Phaistos Disc, side B..............................65-66

III Synoptic table of the Phaistos disc signs drawn by E. Stefani, identified and checked by means of referred parallels 67-74

IV Table of co - occurences in the Phaistos Disc.. 75

V Table of the pictograms' sequences and recurrences................................. 76

VI Table of pictograms' classification.. 77

Disque de Phaistos face A 78

Disque de Phaistos face B 78

I Table of the sequences of the Phaistos Disc, side A

The princeps drawings are those of E. Stefani, 1909
The ordering of the sequences is that of A. Della Deta, 1909
Working out and editing: Barbara & Serge Collet

1 Table of the sequences of the Phaistos Disc, side A

The princeps drawings are those of E. Stefani, 1909
The ordering of the sequences is that of A. Della Deta, 1909
Working out and editing: Barbara & Serge Collet

Figures et Tableaux

II   Table of the sequences of the Phaistos Disc, side B

The princeps drawings are those of E. Stefani, 1909
The ordering of the sequences is that of A. Della Deta, 1909
Working out and editing: Barbara & Serge Collet

66   Serge Collet - Le guerrier, le chat, l'aigle, le poisson et la colonne

II   Table of the sequences of the Phaistos Disc, side B

The princeps drawings are those of E. Stefani, 1909
The ordering of the sequences is that of A. Della Deta, 1909
Working out and editing: Barbara & Serge Collet

III Synoptic table of the Phaistos disc signs drawn by E. Stefani, identified and checked by means of referred parallels

N° A.E. 1921	sign E.S. 1909	characterization	certain	probable	possible	doubtful	rejected	archaeological or natural reffered parallels	count A	count B
01		• marching or running man. AE, 1909,21 • marching man wearing a perizoma. LG, 1994 • hurried marching boy in the right direction, wearing a short tunic.		☒ ☒					6	5
02		• male's with plumed crest. A. E. 1921 • male's head with a crested helmet. L.G.1994 • plumed hair dressing of a young Cretan warrior.	☒	☒		☒		Potnia. Aegaeum 22,2001, pl LXXVIII	14	5
03		• bare male's head with a double circle ear rings. A.E.1909,21 • bare male's head with an eight shaped tattoo. L.P. 1909 • female head with ear rings. D.S. 1909 • bald head in right profile with a eight shield tattoo on the cheek.	☒	☒	☒	☒			2	
04		• captive. L.P. 1909; A.E.1909,21 • prisoner. L.G.1994 • captive with bound arms in the back	☒	☒ ☒					1	

working out and editing: Barbara & Serge Collet

III Synoptic table of the Phaistos disc signs drawn by E. Stefani, identified and checked by means of referred parallels

Sign	Image	Description	Marks	Reference	Count
05		• infant. L.P. 1909; A.E. 1909, 21; L.G. 1994 • infant with a long simple tunic	☒ ☒		1
06		• woman in short gown and skirt with Sherden hairdressing type. E.A. 1909 • woman with bare bosom and back hairdressing. L.G. 1994 • old Minoan woman with bare pendent bosom.	☒ ☒	D. Levi'; Festos e la Civiltà Minoica, 1976, 560, 603, quoted by L. Godar 1994, 100	2 / 2
07		• a pileus, a cap. L.P. 1909 • woman breast a symbol oft the divinity. A. E. 1909 • bell shaped bronze helmet. L.G. 1994 • bell shaped bronze helmet without cheek peaces	☒ ☒ ☒	M.S.F. Hood & P. de Jong. BSA, 1952, 257-58. Pl 50-52 Archaeological Museum of Heraklion. A. Vasilakis, 114. Photo 2015	3 / 15
09		• Tiara. L.P. 1909 • peaked tiara, a characteristic Hittite head gear. A.E. 1921 • peaked tiara	☒ ☒	A. Evans. PMK. I, 657, fig. 486	2
08		• fist with cestus. L.P. 1909, A.E. 1909. • gauntlet. L.G. 1994 • gauntlet baseball shaped	☒ ☒ ☒	Aya Triada, black steatite conical rhyton. Heraklion Archaeological Museum, A. Vasilakis, 120, 21	2 / 3
10		• arrow. L.P. 1909, A.E. 1909, 1921 • arrow. L.G. 1994 • arrow feathering and shaft	☒ ☒		4

working out and editing: Barbara & Serge Collet

III. Synoptic table of the Phaistos disc signs drawn by E. Stefani, identified and checked by means of referred parallels

№	Sign	Description							Count 1	Count 2	Reference
11		• horn bow of Asiatic origin, characteristic of the southern and western Anatolian area. A.E. 1921 • horn bow attested on seals at Knossos, dated MMI. L.G.1994		☒					1		
12		• Kernos. L.P. 1909 • round shield with bosses. A.E. 1921 • round shield with one central protuberance and six around it. L.G. 1994	☒					☒	15	2	
13		• stylized tree. L.P.1909, A.D. Seta, 1909 • knobbed club. A.E. 1909, 1921 • kind of club with nails or protuberances. L.G.1994	☒					☒	3	3	
14		• mountains or territorial sign. L.P. 1909 • manacles. A.E. 1921 • manacles with the characteristic slots in the base for the attachment of thong. W	☒	☒					1	1	
44		• uncertain. A.E. 1921 • small axe. L.G. 1994 • butchering axe		☒		☒	☒		1		
15		• Ausonian axe. A.E. 1921 • pick. L.P. 1909 • mattock	☒	☒				☒	1		Festos, Aya Triada, J. Shaw, 2009, 250, fig. 37 a.b. Heraklion Archaeological Museum. Photo 2015.

working out and editing: Barbara & Serge Collet

III Synoptic table of the Phaistos disc signs drawn by E. Stefani, identified and checked by means of referred parallels

16		• form of knife. A.E. 1909 • saw without teeth. A.E. 1921 • kind of saw with curved handle. L.G. 1994 • carpenter saw	⊠ ⊠				
17		• seal in profile. L.P. 1909 • round shield in profile. A.D.S. 1909 • unknown instrument. A.E. 1909 • lid. A.E. 1921, L.G. 1994 • leather cutter	⊠	⊠	⊠ ⊠	1	2
18		• carpenter's angle. A.E. 1921 • boomerang similar to that one of Tutankhamon grave. L.G. 1994 • carpenter's angle	⊠ ⊠	⊠	⊠		
19		• kind of plane. A.E. 1921 • plane. L.G. 1994 • carpentry plane	⊠	⊠ ⊠		3	6
42		• uncertain. A.E. 1921 • grater. L.G. 1994 • grater	⊠ ⊠		⊠	1	
43		• uncertain. A.E. 1909 • triangle with granulation. A.E. 1921 • strainer. L.G. 1994 • triangle strainer	⊠ ⊠	⊠		1	

working out and editing: Barbara & Serge Collet

III. Synoptic table of the Phaistos disc signs drawn by E. Stefani, identified and checked by means of referred parallels

#	Sign	Description						References	Count
22		• uncertain. A.E. 1909/music instrument type used in Croatia/double pipe.A.E. 1921 • sling. L.G. 1994 • ritual vase – "trousers" or patterned tights	☒		☒ ☒ ☒				
20		• handled vase. A.E. 1921 • dolium, Aya Triada, black obsidian. A.E. 1921. L.G. 1994 • dolium vase, Aya Triada, stone vessel type in black obsidian, but with a foot	☒		☒		☒	Tholos gamma. MM I. Platanos. S. Xanthoudides, 1924; P93, n° 6865. Pl. L. Photo 2015	2
							☒	Heraklion Archeological Museum Photo 2015	
24		• pagoda like building existing in the Lykian funerary architecture. A.E. 1909, 1921 • Punt huts. L. P. 1909 • beehive. L.G. 1994 • beehive architectonic or vaulted structure attested in the tholoi graves of Mesara plane	☒		☒ ☒		☒	S. Xanthoudides, 1924. Tholos B, p. 91. Pl XLVIII, IX, appendix. K. Branigan, 1970. Pl 6.7.8	2 4
23		• square mallet or beetle. A.E. 1909,1921 • column with square capital. L.P. 1909 • hammer with square head or column with capital • wooden column with square capital	☒		☒		☒ ☒	beetle could be possible but has not been until now attested	6 5

working out and editing: Barbara & Serge Collet

III   Synoptic table of the Phaistos disc signs drawn by E. Stefani, identified and checked by means of referred parallels

#	Sign	Description					References		
21		• double comb or rake of unknown use. E.A. 1921 • not characterized, similar to the imprint HM 992 coming from Festos. L.G. 1994 • Palace magazine's floor plan	☒				Festos: cretule HM 992, dated MM II. D. Levi. Festos e la civiltà minoica, 1976	2	
25		• ship with arrow on prow. EA. 1921 • ship with merging arrow on prow and stern ornament three leaves shaped. L.G. 1993 • sea going ship without rigging E.M. III – MM I type, with an ending three points shaped prow ornament		☒	☒		Platanos. Ivory Seal MMI, pl. XIV n° 1079. S. Xanthoudides, 1924. PMK, v. 2, 239, fig. 136, a.b. EM. III. S. Wachsmann, 2009, 100. fig. 6.29	2	5
26		• Bos primigenius. A.E. 1909. Ox horn A.E. 1921. • evidently ox horn. L.G. 1994 • long horn of Aurochs or primigenius, broad and elongated, curving in three directions.	☒	☒			Knossos: house of sacred bulls MMIII, LMI. Nobis, 1997, 17. Aya Triada, Phaistos, M. Jorman,1996, n° 6. Kommos, D. Ruscello, 2005, 798,MM I B – III levels.	5	1
27		• hide or skin of animal recurring on MM II hieroglyphic seal belonging to Seager collection. A.E. 1921 • probably ox hide. L.G. 1994 • large primigenius ox hide		☒ ☒			widely used in the manufacture of shields. G. Zemer 1963, 241.a. C. Doumas 1985, 82	10	5
28		• ox foot. E.A. 1921 • bull leg. L.G. 1994 • characteristic slender leg and foot of primigenius (Wikipedia / Aurochs)	☒	☒ ☒			first palace at Phaistos, small ivory game piece, S. Hood, 1971, 100	2	

working out and editing: Barbara & Serge Collet

III Synoptic table of the Phaistos disc signs drawn by E. Stefani, identified and checked by means of referred parallels

#	Description	Marks	Marks	Marks	Marks	Marks	Marks	Reference		
40	• uncertain. E.A. 1921 • ox back. L.G. 1994 • primigenius back		☒ ☒				☒		3	3
29	• feline head. E.A. 1921 • dog's head. L.P. 1909 • evidently a cat's head. L.G. 1994 • wild cat, Felis Silvestris Cretensis type. Fourogatos lives currently in Ida mounts at Rouvas	☒	☒					Hagia Triada. P. Militelo, 1998, 262 – 3, nota 256, tavola VI. Photo 2015.	3	8
30	• head of horned sheep. A.E. 1921 • clearly ram's head. L.G. 1994 • ram's head	☒ ☒	☒					north Thera miniature frieze, photo 2015		1
31	• flying eagle holding a serpent in its claws. AE. 1921 • probably an eagle with a snake in its claws. L.G. 1994 • bird of prey: golden eagle of Ida mounts or griffon vulture of the same mounts, too	☒ ☒	☒						5	
32	• seated bird.A.E. 1909, 1921 • dove: streptopelia turtur • pigeon. L.G. 1994	☒	☒	☒				Museum of Natural History of Crete, Heraklion	2	4
33	• fish. A.E. 1921 • tunny. L.P. 1909, L.G. 1994 • blue shark: Isorus Oxyrinchus	☒ ☒					☒	Knossos, east repository, MM III. E. Hatzaki, 2009, 21, 23		
45	• Water. L.G. 994; L.P. 1909 • river • bay	☒	☒ ☒					Ieropotamos. N. Fitrolakis, 2005, 11-123. V. Amato, 2011,945-42	2	4

working out and editing: Barbara & Serge Collet

III Synoptic table of the Phaistos disc signs drawn by E. Stefani, identified and checked by means of referred parallels

#	Sign	Identification					Reference	Col 1	Col 2
34		• moth with closed wings. A.E. 1909, 1921 • bee. L.G. 1993, 1994 • honey bee	☒ ☒				photo 2015	1	2
35		• vine. A.E. 1921 • plane tree. L.G. 1994 • platanus orientalis		☒		☒	photo 2015	5	6
36		• olive tree. A.E. 1921 • vine. L.G. 1994 • olive tree	☒ ☒		☒				4
37		• styrax. A.E. 1921 • papyrus. L.G. 1994 • plant with fan flower like thistles. Cirsium creticum or wild salsifi, Asteracea family Tragopogon Porrifolius	☒			☒ ☒	Museum of Natural History of Crete Heraklion, photo	2	2
39		• saffron flower. L.P. 1909 • saffron flower. A.E. 1921 • lily. L.G. 1994 • crocus, saffron flower	☒ ☒ ☒			☒	P. Militello. Hagia Triada, 1998, pl. VI	2	2
38		• marguerite or star anemone. A.E. 1909 • star flower. A.E. 1921 • rosette. L.G. 1994 • rosette, one oft he oldest Minoan motive	☒ ☒		☒		Plátanos. S. Xanthoudides, 1924, pl. XIV. n° 1094. Heraklion Archaelogical Museum. A. Vasilikis, 71	3	1
41		• uncertain. A.E. 1921 • flute or „aulo". L.G. 1994 • human bone, right humerus			☒			2	

working out and editing: Barbara & Serge Collet

IV table of co-occurrences in the Phaistos Disc

side A co-occurrences	number	side B co-occurrences	number
• plumed – hair dressing of young Cretan warrior – bossed round shield: A1, A5, A8, A10, A12, A16, A17, A19, A22, A23, A26, A29	13	• seagoing ship – large primigenious ox hide or the river: B 4, B 12	2
• bird of prey (golden eagle or vulture griffon) – long horn of Aurochs A 9, A 16, A 19, A 22, A 25	5	• crocus, saffron flower – blue shark B 7, B 16	2
• knobbed – hurried marching boy A1, A 26, A 31	3	• bell shaped helmet – gauntlet B 18, B21	2
• foot and slender leg of Primigenios – hurried marching boy A 15, A 21	2	• river or bay – bell shaped helmet B 20, B 24, B 30	3
• Minoan woman with bare pendent bosom – carpenter angle A 8, A 24	2	• wooden column with square capital – sea going ship B 22, B 29	2
• arrow's feathering and shaft – bald head with eight shield tattoo on the cheek A 28, A 31	2	• bell shaped helmet – carpenter's angle or the reverse B 23, B 27	2
• carpenter's plane – plane tree A 10, A 27	2	• wooden column with square capital – bell shaped helmet or the reverse B 25, B 28	2
• arrow's feathering and shaft – wooden column with square capital A 14, A 20	2	• Minoan woman with bare pendent bosom – plane tree	2
• river or bay – bell shaped helmet* A 3, A 6	2		
• large Primigenius ox hide – sea going ship * A 14, A 20	2		
total and percentages	35/56,9%		16/13,4%

*3 co occurrences are recurrent on side B among them, wild cat and the bee which appears in A 4 and B 29
* the co occurrences represent 43 % of the 242 Phaistos Disc pictograms

(Working out and editing: Barbara & Serge Collet)

V table of the pictogram's sequences and recurrences

composition of sequence of pictograms on side A	composition of sequences of pictograms on side B	recurrent sequences on side A only	recurrence of three associated pictograms
• 7 pictograms: A 17, A 23, A 29	no sequence		
• 6 pictograms: A 14, A 20	no sequence	A 14 in A 20	
• 5 pictograms: A 1, A 5, A 10, A 12	5 pictograms: B 1, B8, B 13, B 16, B 21, B 26, B 27, B 28		
• 4 pictograms: A 6, A 8, A 11, A 16, A 19, A 22, A 24, A 26	4 pictograms: B 2, B 3, B 5, B 6, B 7, B 9, B 10, B 11, B 17, B 18, B 22, B 25, B 29	A 18 in A 19 and A 22	
• 3 pictograms: A 2, A 3, A 4, A 7, A 9, A 25, A 27, A 28, A 31	3 pictograms: B 4, B 14, B 15, B 19, B 20, B 23, B 24	A 28 in A 31	B 18 in B 21 B 22 in B 29 B 2 in A 3, B 20 in A 3
• 2 pictograms: A 13, A 15, A 18, A 21, A 30	2 pictograms: B 30	A 15 in A 21	

working out and editing: Barbara & Serge Collet

VI table of pictogram's classification

categories of pictograms on side A	total and percentage		categories of pictograms on side B	total and percentage	
• human figures: 01 - 06	24	19,5%	• human figures: 01 - 06	12	10%
• warriors and agonistic implements: 07 - 14	36	29,2%	• warriors, sacerdotal and agonistic implements: 07 - 14	26	21,8%
• working tools: 15, 16, 17, 18, 19, 41,43	8	6,5%	• working tools: 15,16,17, 18, 19, 42, 43	10	8,4%
• ritual vessel: 20, 22	no	no	• ritual vessel: 20, 22	5	4,2%
• natural environment: 26, 27, 28, 29, 30, 31, 32,33,34, 35, 36, 37, 38, 39, 40, 45	39	31,7%	• natural environment: 26,27, 28, 29, 30, 31, 32, 33, 34, 35, 36, 37, 38, 39, 40, 45	42	35,2%
• constructions: 21, 23, 24, 25	8	6,5%	• constructions: 21, 23, 24, 25	16	13%
• uncertain: n° 41 (right humerus)	2	0,016%	• uncertain	/	/

working out and editing: Barbara & Serge Collet

Disque de Phaistos face A

Disque de Phaistos face B

Musée Archéologique de Héraklion, A. Vasilikis, 1999

Excursus

De la sémiologie à de nouveaux questionnement archéologiques

Faire retour sur un tel objet sémiologique autant qu'archéologique est le fruit d'une invitation à parfaire le parcours de ce qui a été initié dans la compréhension d'un «monument» où l'archéologue a pu se sentir pris à la dépourvue par l'usage inattendu qui est fait de l'analyse sémiologique et structurale, seulement passée de mode pour ceux qui n'ont à l'esprit que l'exaltation d'une pensée de l'agir de l'ego, logée à l'enseigne de la seule concurrence entre les individus comme étant la vraie nature de l'être humain. Or cela se passe aussi dans les «nouvelles» images et interprétations de la culture Minoenne où il s'agit de démontrer que l'institution palatiale n'était pas un centre de direction, d'organisation de certaine productions comme de grands festivals publics autant qu'il a pu l'être affirmé, que l'échange, le commerce à longue distance était avant tout basé sur l'initiative d'individus puissants, que l'importation d'objets exotiques, ainsi les bijoux féminins des tombes de Mochlos ou ceux des Tholoi de Plátanos et de Koumassa dans la plaine de Messara, tout autant que marqueurs de puissance, de statut, constituaient les signes d'une stratégie de «Distinction», de mise à distance (Bourdieu, 1979) de stratification sociale, oubliant que tout se passe d'abord dans un espace communautaire certainement fortement réglé par la ritualisation de la vie quotidienne tel ceux communautaires du boire, de la consommation de viande pouvant être accompagnée de sacrifices. Le champ des rituels funéraires, du traitement des corps des défunts, de leurs dépositions devient dans cette perspective «agentielle» un champ de «manipulation stratégique» où serait en jeu non pas tant l'identité, que la sempiternelle valuation de soi. C'est ce que l'on appelle l'illusion rétrospective qui est ici à l'oeuvre, confondant les périodes historiques, les logiques sociales et économiques. Ce haro sur la pensée Braudélienne, ou celle de Colin Renfrew du rôle des sous systèmes d'actions et des effets multiplicateurs dans le processus d'émergence d'une civilisation, la nôtre; ne peut valoir qu'au titre de l'ignorance des rapports complexes entre ce qui est de l'ordre structurel et de la pratique collective ou individuelle. Que dire de la méconnaissance totale du fait que ces structures structurantes, ces pratiques s'inscrivent dans une globalité beaucoup plus complexe encore telle celle de changements climatiques auxquels le Minoens se sont adaptés, comme d'une nature naturante qui a sa propre échelle de temps, échappant au pouvoir des humains et dont les effets de sa propre agence, sur une terre comme celle de Crète peuvent être si souvent ravageurs et terribles pour ceux qui y vivent en société. Cela a quelques effets, sur tous les champs d'action, de la vie comme de de la mort ! C'est dans de telles catastrophes que l'humanité révèle son extrême fragilité comme sa détresse. Les communautés des Cyclades comme de Crète ne peuvent que compter sur elles mêmes, dépourvues de tout moyen, pour autant qu' elles soient parvenues à survivre. Or non seulement elles affrontent la tragédie, mais se mettent à reconstruire en mieux, en plus beau, à Phaistos, Knossos, Palaikastro, Mochlos, Pseira, Rhodes pour ne citer que ces cas, révélant ainsi une extraordinaire résilience, un courage incommensurable, un comportement éthique sans pareil à l'endroit de ceux morts fracassés dont les corps, nécessairement en nombre n'ont pas même été retrouvés dans les fouilles remarquablement scrupuleuses, à Théra. Christos Doumas (2010) constate «A severe earthquake estimated 7 on the Richter scale preceded the eruption and caused widespread destruction in the city. However, despites damages to buildings no victims have been uncovered.... If they were victims, these would have been removed, not only for hygienic reasons but also for appropriate burial». Nous traiterons plus avant de cette question décisive à de nombreux égards, ne serait ce que pour ce qu'elle se rapporte à la constitution d'une telle énergie de résistance. Les Minoens avaient bien d'autres préoccupations que celles de la guerre, déclarée si souvent fait normal dans la fabrication de l'humanité, comme l'est encore et sans partage le fléau de la domination masculine. Les Minoens ne sont pas des guerriers et jusqu'à ce jour n'a pas été trouvé la moindre trace de guerre de conquête, de colonisation chez ceux nombreux avec qui ils construisaient des rapports d'échange répétés, de bon voisinage, d'amitié, jusqu'à les influencer profondément dans l'adoption, de leur artisanat et plus avant de leur mode de vie, ce qui a été appelé un processus complexe de Minoisation (Marketou 2010, 781) ainsi à Akrotiri, Kythera et de façon moindre à Miletos en Asie Mineur. L'insularité ici n'explique pas cette surprenante absence d'ethos guerrier tel celui des Mycéniens, ainsi que le mentionnait déjà Renfrew (2010, 392-393) et bien avant lui Xanthoudides à qui l'on doit les splendides fouilles des Tholoi de la plaine de Messara (1924, 133). Les Minoens sont des constructeurs dont les capacités à projeter dans le futur se lisent dans leur architecture urbaine comme les surprenants aménagements hydrauliques auxquels ils ont procédé, tôt dans le temps, ainsi que le met en lumière remarquablement J. W. Shaw (1971, 2009, 135-6, fig. 237, 238). Ce ne sont pas des destructeurs ignorants enfermés derrière leurs fortifications parfois impressionnantes. Rien d'étonnant à leur profond penchant pour les abeilles qui culmine dans ce splendide bijou provenant du Chrysolakkos du palais de Mallia, une boucle d'oreille représentant deux abeilles enserrant entre leurs pattes graciles un fragment de miel qu'elles ont fabriqué en coopération. Un barbu d'un autre siècle à la chevelure en bataille, déclaré vieux et sans utilité pour nôtre présent, eut aimé passionnément ce bijou (Le CAPITAL I v. I). Sans co-opération, pas de solidarité, et conséquemment pas reconstruction possible. La pensée de l'individu isolé base de la société même rapportée à Hobbes est une stupidité tout juste bonne pour une Margaret Thatcher comme à ses émules moindre en nombre (se tournant vers le working together) face à ce «podemos» répété de la civilisation Minoenne. Imaginons pour un instant, que la terre tremble violemment, que tout s'écroule, qu'un Tsunami survienne, que du ciel se mette à tomber pendant plusieurs jours une pluie de cendres grises et noires quelques 60km cube, 15 milliards de tonnes à Théra (Vougioukakis 2006) cité par Doumas, obscurcissant le jour et recouvre la vie de son épais manteau de mort. Peuvent s'y ajouter des pluies torrentielles. Ce sont de tels processus apocalyptiques que Palaikastro a connu au Minoen Moyen III comme à la fin du Minoen Tardif I et qu'ont vécu partiellement ou complètement les Minoens, de Gournia, Mochlos et Kato Zakro, sites tous localisés en Crète de l'Est. Quels sont les effets de tels évènements «traumatiques» (c'est peu dire) dans la culture, dans l'imaginaire collectif et religieux de cette époque? Quelles stratégies de riposte, de reconstruction de soi ont-elles été apportées? L'action rituelle, la seule humainement possible y a exercer son rôle à plein; non seulement on rase, on déplace et l'on reconstruit, mais l'on jette par dessus bord, brise, casse, enfouit dans des «puits» et souvent en une seule fois. Ces dépôts sont des plus intéressants. Qu'en est-il à cet égard du Disque de Phaistos lui aussi enfoui, mais au fond d'une ciste située à l'Est du palais? A t-il toujours été situé en cette place avant que L. Pernier ne le découvre? Le système de ses catégories de pictogrammes font une large place à ce que la nature offre de beau comme aux constructions humaines et aux outils de l'artisanat, elle ne disent rien sur une éventuelle catastrophe alors que Phaistos a été gravement sinistré à plusieurs reprises en une brève période de temps à partir de la fin du Minoen Moyen II. Pas moins de trois tremblements de terre se sont produits au cours du Minoen Moyen III (La Rosa 2010, 589-590) jusqu'à l'abandonnement du palais au début du Minoen Tardif au profit de Haghia Triada qui devindra un centre administratif (les plus riches archives des tablettes en Linéaire A) à la différence notable de Palaikastro

Retour sur quelques signes, remarques techniques et archéologiques sur le Disque de Phaistos.

La production d'un objet aussi plein d'art comme de savoir faire ne peut avoir eu lieu durant une période de catastrophe naturelle qui désorganise, rompt les structures construites, techniques et déracine ou tronque les vies humaines. En conséquence le disque a vu le jour à une période où la nature était comme au repos, certainement au cours du Minoen Moyen II, le minoen Moyen III connaissant une intensification de mouvements et ébranlements tectoniques (Moody 2009, 246)

Le Disque est fait d'une pâte fine apurée, cuite sans défaut dans un four fonctionnant remarquablement bien et donc non détruit, ne produisant aucun abaissement de température ce qui exige un parfait contrôle du feu. La pâte ne présente aucun coeur gris. Tous ces processus techniques témoignent d'une grande maîtrise telle qu'on la trouve à l'oeuvre dans la céramique de Kamares produite dans la plaine de Messara (Day et Wilson 1998). Au moins deux signes se réfèrent à cette céramique, le signe 12 kernos/bouclier qui est un motif subsidiaire de la céramique Kamares. Il est daté par Bétancourt du Minoen Moyen II (1985, fig. 69). Le second est le signe 38 ou rosette motif de Phaistos (1985, fig. 70 s et t) que l'on trouve aussi dans le Tholos B de Plàtanos (Xanthoudides 1924, pl. XIV, n° 1094) daté du Minoen Récent III/ Minoen Moyen I. Ainsi que nous l'avons vu le signe 22 qui représente un vase rituel tubulaire, est à Koumassa daté par Xanthoudides du Minoen Récent II/ Minoen Moyen I. Les deux autres exemplaires plus petit provenant de Plàtanos sont du Minoen Moyen I/II. Parmi les outils ce qui peut s'apparenter à une scie fait problème. Remarquons d'abord le trou du rivet du haut de la lame courbée vers la gauche. En toute logique le manche absent devrait suivre la même courbure, mais se trouver incliné à droite pour que l'outil puisse être efficacement utilisé. Or tel n'est pas le cas. Ce pourrait aussi être une lame de couteau qui apparait bien plus tardivement que les lames de dague courte en cuivre déposées en quantités notables dans les Tholoi de la plaine de Messara dans la strate inférieure. S'il n'y a pas de lame de couteau ni au Minoen Récent I, II et III, c'est que les lames de dagues large à leur épaule percée de deux trous de rivetage, dont les rivets trouvés étaient parfois en argent remplissaient parfaitement cette fonction de découpe ainsi que Renfrew la mentionné (2010, 320-322, fig. 16.5, IIb). Cette dague qui sera allongée et deviendra pointue comportant comme une côte en son médian si elle est une arme pour un combat corps à corps est avant tout un marqueur de l'identité masculine comme l'avait vu Xanthoudides (1924,133) «the impression we get is that to wear a dagger was a Minoan fashion» et Xanthoudides de rappeler les figurines de Petsophà à Palaikastro également analysées par Peatfield (1990, 2009). Entre l'extrême virilité soulignée dans la posture du pénis et la dague portée sur l'abdomen de droite à gauche il y a plus qu'une analogie. C'est une redondance qui est ici marquée. Nous ne sommes pas sûr à la différence de Branigan que ces dagues aient pu absorber l'essentiel de la consommation de ce cuivre à l'arsenic, près de 80% du cuivre produit au Minoen Récent II et III, (Branigan, 1999, 88) les 20% restant pour les outils de l'artisanat, c'est peu, même si les constructions Palatiales n'avaient pas encore» émergé» requérant des outils autrement plus robustes que ceux en cuivre. Le signe n°15 représentant un pique-pioche plus surement en bronze qu'en cuivre. Il est un outil emblématique de la construction-extraction de pierres come de minerais aussi conçu pour le creusement. De fait il apparait surtout au cours du Minoen Moyen et se généralise au Minoen Tardif I comme les lourds marteaux et les doubles hache qui les ont précédé (Shaw 2009, 41, 253 fig. 37a et 38a et b); Evely, 1993, 2010, p. 388). Reste l'étain nécessaire à l'alliage qui donnera un bronze de qualité. Des lingots d'étain ont été mis à jour dans les fouilles de Mochlos qui s'impose tôt comme centre d'importation côtier-insulaire et de métallurgie. On doit à Malamat: Syro- Palestinian destinations in a Mari tin inventory (IEJ, 1971, 31-38) le signalement de Caphtorites et de Cariens s'approvisionnant en étain à l'époque de la seconde partie du règne de Zimri Lin datée de 1780-1760, de la fin du Minoen Moyen II. Ugarit était alors le port d' entrée de ces trafics Egéens du monde Cananéen, auquel les Caphtorites vont emprunter à l'architecture, la navigation, la charpenterie de marine et les armes de bronze, particulièrement la forme large des lames de dagues (Branigan, 1967, 117-121). On est ici en présence comme l'analysait Renfrew, de feed back positifs où l'invention et l'emprunt technique à l'intérieur d'un sous système se transmettent au sous systèmes connexes au moyen de ce que l'on reconnaitra comme l'imagination technique. Il n'y a pas toujours une nécessité à le faire, mais à tout le moins ce que nous appelons: une possibilité réelle (Collet 1979, 330). Pour autant le processus n'est pas toujours graduel et le processus de changement technique comme social peut être marqué par des sauts, des ruptures ainsi que le rappelle Cherry (1986) contre Renfrew. Si la construction des structures palatiales requiert une amélioration des outils, de la taille de la pierre, de la maçonnerie, de la charpenterie, elle n'en exige pas moins des progrès connexes dans le domaine maritime, une régularité dans les échanges d'approvisionnement et donc l'instauration de relations entre «polities» stables et pacifiques comme pas moins une institution politico-sociale capable de promouvoir l'échange à longue distance et les liens qui vont avec. Notons que tout ceci témoigne d'une vision à long terme, d'une capacité surprenante de programmation telle qu'elle est à l'oeuvre dans l'architecture urbaine de Palaikasto, de Kos ou de Trianda. On comprendra dès lors l'importance de l'angle de charpentier qui apparait 12 fois sur le Disque de Phaistos comme celle exceptionnelle du rabot de charpentier dont on ne perçoit pas la lame, certainement de bronze. Cependant ce n'est pas l'art du travail du bois qui l'emporte dans la fréquence des signes comme de leurs co occurrences mais bien celui indicé par la répétition du signe de la large peau (15 fois) qui lors qu'elle précède ou suit un navire ne peut pas ne pas être associé à l'échange qui peut en être fait. Or Phaistos était au centre d'un territoire,dominant de ses collines la vaste plaine bien irriguée de Messara, milieu idéal pour l'agriculture et l'élevage et jouissait jusqu' à la fin du Minoen Moyen II b ainsi que l'écrit V. La Rosa (2010, 601) d'une richesse «In contrast to other palaces, such as Knossos and Malia allowing to hypothetisize a condition of autarchy or self-sufficiency». Autant que le tissage (Miltello 2006, 175-188) le travail du cuir devait bien n'ayant laissé aucune traces comme d'autres items dépéribles, y tenir un rôle important, foulage, teinture, découpe, fabrication de multiples items tel que vêtements, sacs, sandales... entrainant l'importation de l'alun comme conservant indispensable du cuir, dont l'usage était déjà bien établi à Ur (Borgard et Brun, 2005) souvent mentionné dans les tablettes écrites en Linéaire B (Shoep. ed. 2011, 221-222, § 7.8). Les meilleurs gisements en sont en Anatolie, à Chypre, Naucrates en Egypte, l'île de Mélos dans les Cyclades, celle de Lipari en Italie du sud non loin de la côte Calabraise du Détroit où nous avons trouvé les traces d'un établissement Minoen remontant au Minoen Moyen III (Collet 2014). Pierre ponce, alun, obsidienne peuvent avoir en été importées, deux de ces trois matière ont à tout le moins été utilisées, la pierre ponce et l'obsidienne par ces Minoens établis sur ce promontoire de la côte calabraise.

Nous en tirons la conclusion que ces signes indiquant l'artisanat comme ceux des diverses constructions viennent rééquilibrer dans la partition-arrangement des catégories du Disque de Phaistos ceux se rapportant à ce qui relèverait selon Evans d'une activité militaire, particulièrement présents sur la face A lui conférant ainsi une dimension martiale. Ni la longue épée de Malia et la lance utilisée si souvent dans la chasse (Militello,1999), ainsi celle au sanglier dont les défenses taillées à plat cousues recouvrent l'enveloppe certainement en cuir du casque protecteur ne sont représentées. Ce casque apparait sur la fresque miniature nord de Akrotiri. Le signe 7 représente lui très probablement un casque en fine feuille de bronze ou de cuivre s'achevant par un bouton. La hampe de flèche, l'arc, la massue complètent l'équipement offensif, le bouclier rond en forme de kernos l'équipement défensif, tandis que la forme en 8 du bouclier couvrant le corps, typiquement minoenne n'apparait que tatouée sur la joue droite d'un sujet au crâne rasé que nous avons considéré comme un garde du palais. Y ajouter la tête rasée et emplumée suffit il à conclure qu'il s'agit d'une opération militaire, d'un raid militaire qui plus est maritime mené par des soldats d'un pays étranger au monde Minoen, come l'attesterait aussi la coiffe des cheveux dressés en arrière de la seule figure féminine et le bâtiment ressemblant à une pagode? Nous avons montré que tel n'était pas le cas, que le Disque trouvé à Phaistos était bien de Phaistos, cela n'interdisant pas de penser à quelque influence proche- orientale, particulièrement celle de Ugarit. Evans n'a donc pas à trancher dans le délicat problème de savoir si les Minoens comme d'autres étaient guerriers ou non. Selon la thèse bien établie depuis Xanthoudides les Minoens n'avaient rien de guerrier (1924, 133) "We have found nothing that suggest war,nothing to imply civil strife or even defence against foreign raids" et plus loin "The peaceful untroubled existence of the Minoan is shown by the objects buried with their dead,and particularly by the stone vases,which make clear they had leisure to expend a vast amount of time and trouble on vessels". En 2010, I. Georganas, p. 315, lui écrit "Scholars and students of the Aegean Bronze Age still have to deal with the great misconception that the Minoan were peaceful while the Mycenaean Greeks were warlike. Such notions are too simplified and naive». Le principal argument de l'auteur sont les dagues et l'invention de la longue épée de type A pouvant atteindre 1 mètre, d'une «magnificence considérable» telles celles de Zapher Papoura à Knossos ou de Phaistos, mais unique déposée dans la tombe des nobles (Sandars 1963, 117, 125 pl 21, 23, 24). Plus courtes (0,83 m) est celle trouvée en trois exemplaires à Malia (Renfrew 2010, 324, fig. 16.6). L'auteur devra nous expliquer pourquoi une telle épée princière est brandie par un personnage féminin sur un sceau provenant de Knossos, CMS II,3 n°16 avec une évidente fonction symbolique (Alberti 2009,105) come aussi sur un sceau de Haghia Triada montrant une jeune femme présentant à un autre sujet féminin la robe d'apparat et la longue épée. La splendide décoration de ces épées comme l'emploi de matériaux luxueux pour leur pommeau (Sandars 1963, 119; Renfrew 2010, 324, 392-393) font douter qu'elles aient pu être employées durant des opérations militaires. Enfin l'auteur n'explique pas l'absence de toute structure de fortification en Crète à la différence du continent, apparues au Néolithique et culminant avec celles très impressionnantes de Tiryns en Argolide faisant plus de 7 mètres de largeur (Renfrew 2010, 394). La société Minoenne n'est pas une société militaire, mais une société de paix, de construction et non de destruction! Akrotiri, Kos, Rhodes ne sont pas des colonies au service d'un pouvoir central localisé à Knossos. Ces établissements de type Minoen ou Minoens participent d'une logique d'Emporia qui n'est pas un forçage à l'échange à longue distance, qu'il eut fallu soutenir à coup d' expéditions militaires répétées, entrainant en Crète un processus de militarisation de la société impliquant la construction de flottes de guerre comme on le voit apparaître beaucoup plus tard dans le monde Phénicien. Celles ci ne suffiront même pas lorsque cette société tournée vers la mer et l'échange se trouvera directement confrontée aux assauts particulièrement violents sinon barbares des armées romaines conduites par Scipion. Carthage la belle finira dans des fosses communes et sous le goudron brulant, mort atroce qui écoeurera bon nombre de sénateurs romains (Lancel 1992, 432-445) et dont l'écho au XVIIième siècle se retrouve jusque dans l'oeuvre de l'écrivain français Jean Racine. Rien de telles atrocités semblables ne paraissent être advenues lors de la guerre de conquête Mycénienne à la fin du Minoen Tardif I B, aucune fosse commune contenant des monceaux de cadavres n'a été découverte comme à Carthage mais seulement des traces de dévastations, de destructions accompagnées de feux et ce «all over the island, events that changed the Minoan civilization profoundly» (Hallager,

2010, 153) mais curieusement pas, ni à Haghia Triada ni à Kommos où la population Minoenne semble s'être bien accommodée de cette présence envahissante, qui impose son ordre et son architecture. Si les Minoens ont pu souffrir d'affrontements militaires auxquels il n'étaient pas ou mal préparés particulièrement en Crète de l'Est et ce depuis le Minoen Tardif I A, ainsi à Mochlos touchée par des incursions de maraudeurs très semblables à ce que seront beaucoup plus tard au Nord Ouest de l'Europe celles de Viking ravageant les Monastères des côtes du nord de l'Ecosse, ils ont été autant éprouvés par les catastrophes naturelles ainsi que nous l'avons vu plus haut, auxquelles il n'ont pas seulement répondu par la reconstruction en mieux des villes et palais mais aussi par des rituels qui restent impressionnants.

Destructions naturelles et ripostes rituelles.

A la fin du Minoen Moyen III le palais de Knossos est gravement endommagé par ce que Evans appelle «The great earthquake», particulièrement l'aile Ouest où se trouvait l'autel tripartite, le centre religieux. Les fouilles de A. Evans et D. Mackenzy en cette place vont mettre à jour deux importantes cistes sous le sol du palais nommées «temple repositories». Eleni Hatzaki (2009, 19-30) dans un remarquable article ré analyse le contenu de ces deux cistes profondes et remet à jour la valeur hautement signifiante de leurs stratigraphies, des divers artefacts et restes fauniques qu'elles contiennent et plus encore des pratiques auxquelles renvoient ces items. En première constatation la stratigraphie des dépôts est semblable, le premier niveau étant constitué d'une terre rouge destinée à plomber ces espaces ne contiennent aucun artéfact, ni restes organiques. Le second, au milieu des cistes Ouest et Est contient une quarantaine de vases destinés à la conservation des produits, en plus ou moins bon état. Le troisième niveau, fond des cistes, de l'ordre de 1 mètre cube contient lui des artéfacts, des restes organiques et malacologiques très différents. La ciste Ouest est la moins riche en contenu des assemblages. Bois, fragment de feuilles d'or, disque de cristal de roche avec pétales de bronze mais au troisième niveau la partie inférieure de la fameuse «déesse aux serpents» en faïence. Le troisième niveau de la ciste Est contient des fragments de faïence suivis par de nombreux coquillages peints, les mêmes en faïence, comme le sont aussi des tasses miniatures, le haut du corps d'une statuette féminine qui n'est autre que celui de la déesse aux serpent évoquée précédemment mais démembrée de ses bras et de sa tête et séparée du bas de son corps néanmoins accompagnée de ses robes d'apparat. Sans que leur location exacte puisse d'avantage être précisée on trouve encore des nodules, des rondelles, une tablette, des perles de faïence, des objets en ivoire, une croix en marbre, des tables de libation en pierre, deux marteaux en pierre une vertèbre de gros poisson et des graines de céréales brulés (Hatzaki 2009,

21, fig. 2.2, tableau 2.1). Ce dépôt reste exceptionnel autant par sa diversité que par ce qu'il révèle en premier lieu le bris-démembrement d'une statuette sacrée comme de la séparation du bas du corps déposé dans la ciste Ouest et ce intentionnellement come jetée là pour n'avoir servi à rien. L'anthropologue se rappelle ici avoir été le témoins de tels gestes dans les années 80 à bord d'une barque de pêcheurs qui depuis plusieurs jours n'avait rien pris. Le patron pêcheur se saisit alors brusquement des images religieuses (Collet 2014, fao.org/gfcm/ssfsymposium/présentation) bénies et achetées lors de la procession des saints protecteurs, Saint Roch et la Madone de Polsi en Calabre du Sud les déchira violemment et les jeta à la mer. De tels actions symboliques sont rares; c'est aussi à ce compte d'une violence symbolique que vient s'inscrire le fait, au jour d'hui disparu avec la tonara de Favignana dans les îles Egades de plonger dans la mer San Antonio, son protecteur autant qu'il le fallait faute d'avoir fait entrer un nombre suffisant de thons dans les chambres précédant celle de leur mise à mort. De fait la statuette en bois polychrome de Saint Antoine était rongée par le sel lorsqu'il nous fut donné de la voir en 1985. La logique est analogue dans ces divers cas. «Tu ne sers à rien où plus à rien, on n'en peut plus, alors tiens, prends en pour ton grade.» Reste que l'action collective à Knossos a été contrôlée s'inscrivant dans le cadre d'un grand rituel public qui engage la population comme son existence. 6240 coquillages peints en noir et rouge ou en faïence ont déposés au dessus de la statuette brisée comme si ce linceul de créatures marines mortes venait redoubler celui de terre du premier niveau. Eleni Hatzaki à juste titre souligne que la peinture de ces coquillages représente une attention et un investissement en temps et conséquemment une préparation du rituel public, chacun étant ainsi concerné, en charge de venir déposer ces coquillages en son nom, ou de parents. Ce nombre imposant représente un tiers de la population de Knossos (18000 individus) tout comme le nombre de personnes pouvant se réunir dans la vaste cour du palais dont J. Shaw et Arron Lowe ont montré qu'il était équivalent à 6206 individus. La cérémonie présidant à cet enfouissement - déposition est indubitablement «a conspicuous demonstration of power, emphasizing the palace ability to 'kill' by removing from circulation intentionally, a unique assemblage». Sur le plan des valeurs, il n'est peut être pas moins important de souligner la signifiance de tout ces coquillages et ce d'autant que on été aussi trouvées au même niveau des vertèbres de diverses espèces de poissons et de différentes tailles (Hatzaki, 23) ainsi qu'une grosse vertèbre de requin, attestant absolument de l'existence d'une société pour qui la mer et ses créatures étaient bien ancrés dans de pratiques d'appropriation comme de l'imaginaire collectif. Cet imaginaire marin sera pleinement encore à l'oeuvre au Minoen Tardif IB avec le «marine Style» dont ce que nous appelons la fonction apotropaïque n'a été ni comprise ni perçue, advenant après le cataclysme de Théra à la fin du Minoen Moyen IA. Pourtant sur *tous* les vases ce sont des tritons vidés de leur animal et donc morts comme s'ils accompagnaient encore les défunts demeurant dans les tombes, Tholoi ou non, à la notable différence des argonautes dont les multiples bras sortent de la coquille, qui sont représentés. Et que dire de la frontalité de poulpes aux yeux disproportionnés occupant la plus grande partie de la surface du vase, dévisageant leurs spectateurs comme des masques de Gorgo beaucoup plus tard? Que signifie un tel engouement pour le poulpe? Nous laisserons cette question en suspens pour y revenir dans une future contribution sur la signifiance de la mer dans la culture Minoenne depuis le Minoen Récent II.

    Si uniques, impressionnantes, et complexes que soient les dépositions de Knossos sous le sol de l'ancien autel tripartite qui les a précédé, d'autres pour être plus «modestes» n'en sont pas moins significatives. On doit à S. Hood (Théra I, 1978, 686-688) après Marinatos d'avoir établi le lien entre catastrophe naturelles et rituels de déposition. Ainsi Hood rappelle la découverte à Nirou Khani à peu de distance à l'Est d' Herakleion, par N. Platon en 1946 lors des réparations d'une villa, d'un dépôt dans un petit espace muré telle une boîte, placé sus ce qui semble avoir été le seuil d'une porte bloquée à la fin du Minoen Moyen IA. Le dépôt contenait «plusieurs centaines de tasses coniques contenant la plus part des morceaux de pierre ponce» suggérant comme l'avait analysé Platon une connexion entre l'explosion de Théra et un nouveau type de pratique rituelle (Hood 1978, 688). Rituel de commémoration ou mieux de pacification? Ces items provenant du milieu marin semblent avoir eu une valence différentielle, galets blancs, ronds et plats, coquillages, vertèbres de requins, pierre ponce apportée par la mer, murex, tritons, ou encore tonna galea. Mais tous entrent dans des assemblages se rapportant au monde marin. Reste que toutes ces dépositions ne mettent pas en jeu, ne manipulent pas des items marins, comme il advient dans ces puits votifs de Palaikastro ou de Kato Zakro ou en un même acte unique public ou d'officielle dévotion comme à Knossos, est cassée, jetée de la poterie datant d'un même style, d'une même époque en l'occurrence le Minoen Tardif I A. C'est le bris, le rejet, l'action d'annuler qui comptent ici comme si la vie de ces objets utilitaires ou symboliques devait à jamais cesser, mimant comme en une réduplication l'acte de destruction anéantissement de la vie par des forces naturelles en dehors du pouvoir des humains, incontrôlables. Ces anéantissements répétés qu'il a fallu surmonter, pour appartenir à l'ordre des destructions, sont d'une autre échelle que celles provoquées par la guerre: on ne peut les arrêter. Par sa résilience incroyable pensons ici à l'exemple paradigmatique de Palaikastro, la civilisation Minoenne mérite plus que de la considération et ne nous parait pas pouvoir être jointe par un trait d'union avec celle Mycénienne comme le fait Colin Renfrew, comme s'il s'agissait de deux entités équivalentes. Elles ne le sont pas. C'est une barre qu'il faut inscrire et non un trait d'union qui oblitère une domination. Nous ne voyons pas bien comment, dans la longue histoire de l'humanité, des guerres de conquête avec occupation et domination souvent violente des individus, appropriation des ressources et des savoirs faire pourraient être qualifiés de civilisation, à moins que le terme de civilisation-civilité ne veuille plus rien dire. Si de civilisation il est possible de parler à l'époque du Bronze c'est bien de celle Cycladique – Minoenne. Les Minoens ont chercher à résister dans ce qu'ils tenaient peut être, pour avoir le plus de valeur: leurs pratiques cultuelles. C'est ainsi que la statue féminine aux bras levés, au chef pouvant porter une couronne ornée de fleurs de pavot, d'oiseaux et de cornes de consécration s'impose au Minoen Tardif III (Gesell 1985, 69, 182, 183, n° 43, 44 ; 47-49 ; 1988) au point d'apparaître à Palaikastro, renouant ainsi avec une tradition longuement interrompue du rôle des représentations de sujets féminins dans la «religion» (Macgillivray et Sakett 2010, 572). Les Mycéniens n'ont jamais adopter les pratiques cultuelles de danses «extatiques» mettant en scène le plus fréquemment des sujets féminins nus (Younger 2009, 45; Goodison 2009, 54) comme celles dévouées à une divinité féminine, mirant à son épiphanie. La représentation d'une figure féminine portant un arc en bandoulière à l'épaule gauche et brandissant du bras droit la longue épée (Alberti 2009, 105, fig. 9.4) figure féminine de haut rang est tout simplement inimaginable dans le monde Mycénien qui est un monde d'hommes dirigés par le wanax dont il n'est pas exclu qu'il ait pu être un chef de guerre, un grand guerrier come il en existait, il y a quelques de temps encore en Nouvelle Guinée Papouasie dans les Hautes terres (Godelier 1982). Cette position dans une société militarisée où l'«Aura militaris» triomphera au Minoen tardif II nous parait peu probable dans le monde Minoen. Ce sera ici notre conclusion.

Avril, 2016

Bibliographie complémentaire

Alberti 2009 = L. Alberti, Rethinking the tomb of the double axes at Isopata, Knossos, in Hesperia supplement 42, 2009, pp. 99-106. Athens.
Bourdieu 1979 = P. Bourdieu, *La distinction.Critique sociale du jugement.* Editions de Minuit – Maison des sciences de l'homme. Paris 1979.
Betancourt 1985 = P. Betancourt, *The History of Minoan Pottery.* Princeton University Press. Princeton, New Jersey 1985.
Branigan 1967 = K. Branigan, Further light on relations between Crete and Syria: *A J A*, 71 (2), 1967, pp. 117-121.
Branigan 1999 = K. Branigan, The nature of warfare in the Southren Aegean during the third millenium B.C., in R. Laffineur. ed, *Polemos Aegaeum* 19, Université de Liège, 1999, pp. 87-94.

Cherry 1986 = J. Cherry, Politics and palaces: some problems in Minoan state formation, in C. Renfrew and J. Cherry eds, Cambridge, 1986, pp. 19-45.

Collet 1979 = S. Collet, *Sujets, Etat, Civiltà. Pour une Anthropologie critique des modes de vie*. Dissertation de doctorat EHESS, pp. 1-439. Paris 1986.

Collet 2014 = S. Collet, Minoan abroad. New evidence from Calabria and Egypt. I Amazing evidence for Minoan culture presence on South Tyrrenian shores. *Creta Antica* 15, 2014, pp. 243-285.

Day and Wilson 1998 = P. Day and D. Wilson, Consuming power: Kamares ware of protopalatial Knossos. *Antiquity* 72, 1998, pp. 350-358.

Doumas 2010 = C. Doumas, Akrotiri. chapter 56, in E. H. Cline ed. The Bronze Age Aegean (ca. 3000-1000 BC) Oxford University Press, pp. 753-761. Oxford 2010.

Evely 1993 = D. Evely, *Minoan tools and technique: an introduction.* Vol. I, Sima 92, 1, Göteborg 1993.

Evely 2010 = D. Evely, Material and Industries. Chapter 29, in E. H. Cline ed., *The Bronze Age Aegean (ca. 3000-1000 BC)*, Oxford University Press, pp. 387-404. Oxford 2010.

Georganas 2010 = I. Georganas. Weapons and warfare. Chapter 23, in E. H. Cline ed. *The Bronze Age Aegean (ca.3000-1000 BC)*, Oxford University Press, pp. 305-315. Oxford 2010.

Gesell 1985 = G. Gesell, Town, Palace and House Cult in Minoan Crete, *SIMA* 67, 1885. Göteborg.

Gesell 1988 = G. Gesell, *The goddess with up-raised hands conference.* Cicinnati 1988.

Godelier 1982 = M. Godelier, *La production des grands hommes.* Fayard, 1982. Paris.

Goodison 2009 = L. Goodison, 'Why all this about oak or stones': trees and boulders in Minoan religion, in A. D'Agata and A. Van de Moortel, eds Archeologies of Cult. *Hesperia supplement* 42, 2009, pp. 51-57. Athens.

Hallager 2010 = E. Hallager, Crete, Chapter 11, in E. H Cline ed. *The Bronze Age Aegean (ca. 3000-1000 BC).* Oxford University Press, pp. 149-159. Oxford 2010.

Hatzaki 2009 = E. Hatzaki, Structured deposition as ritual at Knossos, in A. D'Agata and A. Van de Moortel eds, Archeologies of Cult. *Hesperia supplement* 42, 2009, pp. 19-30. Athens.

Hood 1978 = S. Hood, Traces of eruption outside Théra, in C. Doumas Théra and the Aegean World I, pp. 681-690. London 1978.

Lancel 1992 = S. Lancel, *Carthage.* Fayard 1992. Paris.

La Rosa 2010 = V. La Rosa, Phaistos. Chapter 44, in E. H. Cline ed. *The Bronze Age Aegean (ca. 3000-1000 BC).* Oxford University Press, pp. 583-

595. Oxford 2010.
MacGillivray and Sackett 2010 = J. MacGillivray and L. H. Sackett, Palaikasto. Chapter 43, in E. H. Cline ed, *The Bronze Age Aegean (ca. 3000-1000 BC)*. Oxford University Press, pp. 571-581. Oxford 2010.
Marketou 2010 = T. Marketou, Rhodes. Chapter 58, in E. H. Cline ed. *The Bronze Age Aegean (ca. 3000-1000 BC)*. Oxford University Press, pp. 775-793. Oxford 2010.
Marx 1967 = K. Marx, Le Capital. Critique de l'economie politique. Oeuvre complète. Les Editions Sociales, Paris 1967.
Militello 1999 = P. Militello, in R. Laffineur ed. *Polemos, Aegeum*, Université de Liège. Liège 1999.
Militello 1996 = P. Militello, Attività tessilea Festos ed Haghia Triada del Neolitico al Bronzo Tardo. *Proceedings of the 8th Cretological Conference*. Historical Society of Crete. Herakleion 1996.
Moody 2009 = J. Moody, Environmental change and Minoan sacred landscapes, in A. D'Agata and A. Van de Moortel ed. *Archaeologies of Cult. Hesperia supplement* 42, 2009, pp. 241-249. Athens.
Peatfield 1990 = A. Peatfield. Minoan peak sanctuaries: history and society. *Opuscula Atheniensia* 18, 8, 1990, pp. 118-131.
Peatfield 2009= A. Peatfield. The topography of Minoan peak sanctuaries revisited, in A. D'Agata and A. Van de Moortel eds Archeologies of Cult. *Hesperia supplement* 42, 2009, pp. 251-259. Athens.
Renfrew 2010 = C. Renfrew, *The Emergence of Civilisation. The Cyclades and the Aegean in the Third Millenium BC*. Oxbow Books 2010, second edition, Oxford.
Shaw 2009 = J. Shaw, *Minoan Architecture: Materials and Techniques*. Bottega d'Erasmo, Aldo Ausilio Editore. Padova 2009.
Shoep, Tomkins and Driessen 2011 = I. Shoep, P. Tomkins and I. Driessen. *Back to the Beginning*. Oxbow Books 2011. Oxford.
Xanthoudides 1924 = S. Xanthoudides, *The Vaulted Tombs of Mesara. An account of some early cemeteries of southern Crete*. University Press of Liverpool. Hodder and Stoughton Ltd. London 1924.
Younger 2009 = J. Younger, *Tree tugging and omphalos hugging on Minoan gold rings*, in A. D'Agata and A. Van de Moortel. Archeologies of Cult. *Hesperia supplement* 42, 2009, pp. 43-57. Athens.

Serge Collet

The thinking and writing of Serge Collet (1950-2016) was characterized by three features: intensive learning and training with key scientists, extensive interdisciplinary research, and a curiosity which was never satisfied and which led him to further in-depth questions and hypotheses over the decades.

In 1972 he finished his first learning phase when he finalized his studies at the "Ecole Normale Supérieure de Saint Cloud", where he was trained by A. Lecrivain, A. Matron and G. Labica. Under P. H. Chombart de Lauwe in the "Ecole Pratique des Hautes Etudes" he devoted himself to social psychology and ethnology. In 1980 he successfully defended his magisterial doctoral thesis under the guidance of Z. Strmiska, the former director of the Social Science Institute of Prague. The interdisciplinary jury awarded him the highest honour for a dissertation.

From 1980 to 1987, he collaborated with M. Godelier, anthropologist, and M. Aymar, historian, in the research groups of Maison des Sciences de l'Homme. Simultaneously he became a member of the laboratory Technique et Cultures (National Scientific Research Center) headed by R. Cresswell until the reorganization of this research unit in 1999.

In 1980, he discovered a village of fishermen which became the starting point of his research on the transitional process in Mediterranean Halieutical Appropriation forms, based on extensive field work in Calabria/Italy. Influenced and inspired by Spinoza, Marcel Mauss, and later by Domasio he developed a theoretical structure which dissociated itself from Godelier extensively and flowed into the following diverse research subjects: res halieutics, ethics of fishing, valuing marine nature, roles of women in traditional fishing economies, local modes of fishing governance in the Mediterranean, and – since 1991 – ethno-archaeology of the halieutical appropriation's forms. His new concept for an Ecological Museum for the Sea was based on professional experiences in France in the seventies; it still needs to be set up.

Since 1987, when he left France for Hamburg/Germany, he gave lectures and seminars in Hamburg, Calabria and Sicily.

Serge Collet was an active participant in numerous institutional frameworks, including several European scientific arrangements: Concerted Action ESSFIN (1996-1998), Scientific Projects ELSA-Pêche (1998-2002), Network FISHGOVFOOD (2001-2004), ECOST (INCO program, 2004-2010). He also worked as an expert consultant for the European Union in 2001. After working for the European Commission/European Union, he also advised the FAO in Rome and participated in several conferences.

His research in archaeology/anthropology of the sea-oriented societies in the Mediterranean during the Late Bronze Age underlines his call for conservation of the old fishermen's traditions and their know-how, the ancient sea-based cultures, and the protection of our seas and their wealth.